相信的力量

从新手到高手的保险销售心法

尹娜 著

中国宇航出版社
·北京·

图书在版编目（CIP）数据

相信的力量 ：从新手到高手的保险销售心法 / 尹娜著. -- 北京 ：中国宇航出版社，2022.7
ISBN 978-7-5159-2072-6

Ⅰ. ①相… Ⅱ. ①尹… Ⅲ. ①保险业务－销售 Ⅳ. ①F840.4

中国版本图书馆CIP数据核字(2022)第089979号

策划编辑　白希国
责任编辑　白希国　　封面设计　宋　航

出　版
发　行　中国宇航出版社
社　址　北京市阜成路8号　　邮　编　100830
（010）68768548
网　址　www.caphbook.com
经　销　新华书店
发行部　（010）68767386　　（010）68371900
（010）68767382　　（010）88100613（传真）
零售店　读者服务部
（010）68371105
承　印　三河市君旺印务有限公司
版　次　2022年7月第1版　　2022年7月第1次印刷
规　格　710×1000　　开　本　1/16
印　张　17　　字　数　177千字
书　号　ISBN 978-7-5159-2072-6
定　价　59.00元

本书如有印装质量问题，可与发行部联系调换

推荐序

身边的榜样才有力量

接到尹娜伙伴的邀请，给她的新书写个序言。我欣然应允，理由很简单，就是一个从业不到 3 年的伙伴，就连续达成三届 TOT（Top of the Table，全球寿险百万圆桌顶尖会员，寿险行业最高荣誉，全行业达成率仅万分之五），取得如此优异的成绩，并敢于写书的精神都是值得鼓励的，她成功的经验也是值得分享的。

你赚到的钱都是认知的变现。尹娜入行不到 3 年就能连续达成三届 TOT，成为保险名家（Insurance Master Award，简称 IMA），也是她对行业的认知，对保险销售工作的认知，以及对保险价值的认知的一种变现。这也是这本书值得推荐的理由。

当然，写序除了给作者捧场外，也应该对读者负责。我跟尹娜要了书稿，认真读完了以后，相信这本书值得我们大多数从业者读一读，不同的人会从这本书中获得不同的感悟。如果你是一个像尹娜一样的青年才俊，正在思考转换职业轨道，这本书是值得你参考的，即使你不来做保险。

这本书的名字叫《相信的力量：从新手到高手的保险销售心法》，这并不意味着你看了这本书就可以立即成功。如果你是抱着这样的投机心理，那么你会失望的。但是，这本书里作者做到的事情，你也照着去做，并且找到适合自己的落地途径，我相信，假以时日，你能大幅度提高自己的收入。这恐怕就是叫“心法”的原因所在吧，我们应该更多地学习的是作者介绍的要长期坚持做的一些事情。

这本书的价值，也是我愿意推荐的理由，就是它给了我们一个真实的视角，让我们现在的从业者，无论是管理层还是销售团队，了解一下像尹娜这样优秀的金融白领为什么会选择成为一个一线保险销售人员。最近，我们全行业都在讲“优增”，但是到底如何实现优增，尹娜的个人心路历程或许可以给我们一些启发，这本书里作者做了详细的介绍。

本书的第一章叫“做保险销售，你准备好了吗？”在这一部分，作者充分地剖析了自己放弃银行稳定工作转而做保险销售的抉择过程。作为保险从业者，我们在增员的时候，往往不敢去约谈那些看起来很优秀、很稳定、很风光的职业白领。而许多所谓的白领精英也正在遭遇着职业瓶颈，进退两难。尹娜的经历告诉我们，要敢于去增员优秀的人，要善于发现他们的职业困境。如果你也是像尹娜一样，正在考虑是否要从事保险销售工作，这本书很值得你借鉴，也会给你信心，让你的从业之路减少许多迷茫。

这本书的第二章“避开误区，顺利度过新人期”，里面的内容都是值得行业内新近从业者学习的。我们常说榜样的力量是无穷的，但是我认为像尹娜这样身边的榜样力量更强大，她的经验更有价值，也许更符合新人们的需求，更容易模仿和复制。市场上不缺乏行业内许多名人写的书，他们的真知灼见也是值得我们学习的，只是因为他们是行业资深的专家，这些经验对新人来讲，或许短期内难以转化为自身的技能。尹娜的优势就在于，她刚入行两年多一点，她对自己从业心得和经验的总结，更能引起我们新人的共鸣，也更贴合市场的实际，更有实用的价值。比如，尹娜一入行就决定建立自己的个人专业品牌，利用自媒体来拓展客户源，这些都是比较符合目前市场热点的实战经验。对于行业内的资深从业者来讲，如果你想吸引和培养尹娜这样的优秀新人，这本书也可以成为你辅导绩优人员的参考书。

有人说，寿险营销收入的90%取决于主顾开拓，就是能否持续不断地获取客户资源，这一点决定了你能在这个行业坚持多久。如果你能解决获客问题，那么销售的难度就会大幅降低。本书第三章“全面拓客，获得源源不断的客户流”，主要介绍了尹娜的认知和方法。这里我要强调一下的是，原则的东西是不变的，每个人都要找到自己的优势所在，不能简单地模仿。比如，为什么要坚持写朋友圈，如何写朋友圈。坚持内容输出的价值所在，这些都没有问题，但不是每个人都可以通过自媒体来获客，就像不是每个人都可以成为作家一样。记得当年我的一个师姐，清华大学本科，北京大学硕士，最早建立个人网页宣传自己和保险，获取了不少全国各地高端客户的咨询，也有不少成交。许多人听了她的分享，认为是个捷径，也开设个人网页，结果效果不佳。有人问我为什么，做自媒体是讲究方法的，方法不对，写的文章质量不好，光靠数量，是不可能吸引到客户的。我说这些，丝毫不影响你用自己的朋友圈和自媒体来逼着自己坚持写作，坚持内容输出，借此来提高自己，树立自己的个人品牌，服务自己的客户群体。

这本书的第四章叫“提升销售技能”，尹娜介绍了自己的一些销售心法。既然叫心法，就不是一些具体的技巧，而更多地是一些价值观和原则的东西，就像武侠小说里的内功心法，不涉及具体的招式。当然销售是有技巧的，说话也是有技巧的，这个不可否认。比如，我们行业所谓的话术，我就一直强调是说话的艺术，而不是骗人的技术。举个例子，在销售沟通中，当然也包括文章写作中，“我”“您”“我们”这 3 个主语是需要随时转换的。基本原则就是好事都用“您”，不能用我们；坏事都用“我”，比如“我离开这个世界以后，给家人留下一笔金钱和不留金钱是不一样的，您认可吗?”这个时候不能说“您”离开这个世界；一般的事用“我们”。 有道便有术，无道便无术。技巧是术的层面，如果你掌握了道的东西，就是基本的原则，技巧就自然而然地被你应用自如了。保险销售中道的层面，就是保险的价值，行业常称为寿险的意义与功用，还包含客户开拓和服务，自我学习和提高，等等。

我们行业前辈有个说法，做保险销售，要做到“商人头脑，菩萨心肠”，就是说对客户一定要真诚、忠诚、负责。但是沟通一定要讲究技巧，什么先说，什么后说，怎么说，都是要注意的，不然你半路就会被拒绝，没有进一步沟通的机会。又有个说法叫“真诚是最好的技巧”，这就是尹娜介绍的方法，要把跟客户沟通的内容先写出来，哪怕是五千字，也争取不断修改润色，背下来。我认为这就是真诚和技巧的完美结合。

当然，书中尹娜也介绍了她的3个工作方法，即15分钟工作法、灌水桶法和茶馆工作法，都是值得我们学习的。

前面的内容，基本是我对这本书的一个导读。最后我想强调一下，如果你仔细阅读这本书，应该获得的一个最重要的收获，就是关于学习的话题。因为保险行业的销售人员，大部分都没有学过和保险销售相关的专业知识，而是来自社会各行各业的外行，所以学习能力就决定我们能在这个行业做多久、做多好。没有一个行业像保险行业这样倡导终身学习，没有一个行业像保险行业有这么丰富的学习资源，也没有一个时代像今天这样方便学习。但是，恰恰因为如此，我们的许多伙伴，陷入了碎片化学习的恶性循环，学习太多，思考太少，行动无效。

柏拉图说，对万事万物一无所知并不是最可悲的，与之相比，建立在错误方法上的大量学习，却是一个人最大的不幸。尹娜在书中谈到了为什么一年要读50本书，就是要通过读书引导我们自己系统思考。而碎片化学习，简单地背诵话术，就容易陷入“知其然，不知所以然”的低水平重复的陷阱。这样的大量学习，是没有价值的，只会浪费时间。尹娜的学习方法，就是著名的费曼学习法，只有有效的输出，才能证明你有过有效的输入，你的输入才有意义和价值。没有输出的输入是没有意义的，就是你读了再多的书，什么都讲不出来，又有什么意义呢？大量读书是输入，写公众号、做自媒体、演讲、分享都是输出。

尹娜这本书对我们读者的价值，也必然遵循学习、交流、实践、分享、提高这样一个循环，才能得以体现。

我的序言就到这里，认真地阅读这本书，即使你是从业多年的老前辈，相信书中内容也会让你眼前一亮。

著名保险教育家

百万粉丝自媒体“王辰课堂”公众号创始人

数百万保险业务员的培训讲师

前　言

首先，要向读者说两句对不起。

第一个对不起，是因为作者不是你想象的那种偶像级别的大咖。我没有保险皇后、业界泰斗、销售总监的标签，写作本书时，只是一个从业两年出头的普通业务员。不过因为工作比较踏实、认真，做得还不错，成长比较快。写作本书，算是一个保险新人的分享吧，或许我的经历，对于那些在保险行业门槛旁转悠或刚踏进这个门槛的人来说，还带着一股热乎气儿，有一定的参考意义。

第二个对不起，是因为这不是那种“20 天快速学会卖保险”“3 个月让你成为保险大咖”的神器类图书。不管你想学什么，大量练习、反复复盘都是很重要的，我不想为了让本书畅销，而起一个误导大家的书名。虽然我会在书中分享很多自己做保险的方法，有大量的干货，但我的本意不是写一本工具书。对于保险业务员来说，方法只是“术”的层面，而“道”的层面更重要。做保险的“道”,永远来自内心,而非外物。所以，我会分享自己这两年的从业经历和心路历程，其中包括很多非常微小的细节。对于所谓的“内圣外王”，我这两年的体会是非常深刻的。这就是本书书名的来源，“心法”比“技法”更重要。

保险这个职业拯救了我。我是从 2022 年 1 月 1 日开始动笔写这本书的，此时我入职明亚保险经纪公司两年两个月零 5 天，做到了 2019 年 MDRT（Million Dollar Round Table，全球寿险百万圆桌会员，行业达成率仅千分之三），2020 年、2021 年连续两届 TOT（=6 倍 MDRT），连续两年入围国际保险节大会“保险名家”，第一本书《保险应该这样买》已经由中国宇航出版社出版 3 个月。在这本书即将出版时，又达成了第三届 TOT。在这一切开始之前，我曾是一只在温水中慢慢被煮的青蛙，在银行工作了 10 年，虽然有稳定的 50 万元年收入，但年复一年的重复劳动，在工作中学不到什么新东西，靠熬时间赚钱；有中一次彩票也还不清的房贷，每年只能攒下很少的积蓄，只有坚持工作到法定退休年龄，才能开始领一份不知道够不够用的退休金；很少有时间陪伴闺女，一到周末，只有加班才能把我从床上拉起来。

虽然我前后纠结了两年才转型做保险，但很庆幸我转了。现在虽然距离入职明亚保险经纪公司只过去了两年多一点，但我已经是另外一个人了。现在的工作不太稳定，但我更懂得克制消费、多存钱，储蓄率比以前高了；我卖掉了一套房子，减少了 1/3 的房贷，通过提升储蓄率，在努力攒钱偿还剩下的房贷。等还完房贷，还要计划如何实现普通人的初级财务自由，把保险这份工作的价值，从以“求生赚钱”为主，转变为以“兴趣和使命”为主。我每个月甚至每天都能学到新东西，有的是主动系统的学习，有的是被动接触。

更让我激动的是，现在我的时间自己说了算，我终于是自己的主人了，我可以决定把多少时间、哪些时间用来陪伴家人；我每天写作，写作时能感受到“心流”，这是我热爱的；我每天跟客户沟通，为他们提供价值，同时也常收获客户的关心和感谢，这满足了我的成就感和社交需求，还让我赚到了钱；有个很给力的助理团队，有优秀的组员，我们共同开创事业。相比原来在银行带团队，我体会到更多的责任感，和帮助他人成长的成就感。相比原来在银行工作时的低自尊、没自信、自我封闭，现在的我变得积极、乐观、开放，对人生有掌控感。

我会分享取得这些成绩的心法，同时也会分享失败经历带给我的教训。很多人认为，保险做得这么好，每天肯定过得很轻松。我必须坦诚地告诉大家，我也时常焦虑。这本书的价值之一，或许正是告诉你，即便大家眼里的绩优者，也有焦虑和恐惧的时刻。我如何熬过这些时刻，获得成长，才是读者朋友最应该关注的。这本书的写作背景，是 2021 年保险代理人流失两百余万。大部分保险业务员做不好、业绩差，甚至不得不离开这个行业，其原因，除了个人基础素质，很多是没能跨过那些最艰难的时刻。所以，我写这本有关保险销售心法的书，是希望用我的经验，帮助更多准备从事这个行业或者已经从事这个行业的人，找到坚持下去的勇气。市面上有很多“保险销售技巧”类的书籍，但在你认为有必要、有信心、有热情继续做下去之前，那些书的意义都不大。

这本书的目标很简单：我们要在这个行业里活下来，赚到理想的收入，体会到一个真正的人在工作中的价值。我在本书中提出了“保险是 3 门学科组合”的理念，我认为保险销售并不神秘，就是专业知识、销售技能、拓客技巧这3门学科的组合，每一门都有迹可循。只要你拿出上学时的劲头，把这3门学科都学通了，大概率会做好保险销售的。但这本书不是逐个讲解怎么学好这3门学科，再说这也不是一本书能解决的，每一门都至少是一本单独的书了。关于保险专业知识，《保险应该这样买》这本书值得作为新人入门的基础工具书；关于销售技能和拓客技巧，我学习了很多，掌握了很多，也做到了行业非常靠前的位置，但它们都是“术”。我认为我在本书中要讲的，是比这3门学科更重要的内容，即在保险工作中如何正确思考。有了高人一筹的思维，你就掌握了著名天使投资人李笑来在《财富自由之路》中所讲的“人生作弊器”，同样的考试时间，能比别人拿到更多分数。

需要注意的是，虽然我会和大家分享我做保险取得一些成绩的心法，但我还没掌握所有问题的答案。书中分享的故事、心得、方法，来自我读的书、我做的业务以及我在明亚保险经纪星火营业部的学习。我的成长之路是个性化的，但我分享的内容是有共性的，对很多保险新人，甚至“老人”都适用。我们始终要追求的目标，就是如何让自己比昨天更强大。

要感谢的人太多了，首先要感谢明亚保险经纪公司杨臣董事长，是明亚这个平台给了我成长的优渥土壤，我两次出书，杨总都给予了大力推荐；感谢国际保险节大会李海峰主席为我们保险行业优秀人才所创建的学习、交流平台，对本书不乏赞美之辞；粥左罗老师用他的文字影响了我的职业选择，此次又对图书给予了高度评价；王辰老师则是我非常佩服的业界前辈，他写的序言值得我们每一个做保险的人认真体会；这两年多来，在保险业务上给我指导最多的人，是星火家族创始人李彦鹏总监，他是我入行的引路人，也是带我走上这条快速成长之路的教练，是我模仿和学习的主要对象之一；还要感谢我的团队主管陈辉煌以及我在明亚的很多同事，他们用努力的精神滋养了我，用成长的结果激励了我。我的每一位客户，都给了我在实践中提升自己的机会；我的家人，则用他们无私的爱助力我的事业发展。最后，感谢中国宇航出版社的白希国老师，从图书选题、写作到编辑、出版，都十分尽心！

尹娜

2022 年 6 月

目 录

第一章　做保险销售，你准备好了吗？

第二章　避开误区，顺利度过新人期

第三章　全面拓客，获得源源不断的客户流

第一章

做保险销售，你准备好了吗？

与其说有一份在银行的体面工作，不如说是被这份工作“圈养”着，既不会沦落到社会底层，也抹不去心中的惶惶不安。这种稳定是以自由和更好的状态为代价的。那时的我，就像一头站在雨中的牛，明知道应该去避雨，但因为生怕挪动一步就会陷入深渊，便不肯走路。明明是自由身，心里却戴着枷锁。

1. 当前的工作，你满意吗？

2009 年，我从中国人民大学硕士毕业。全球刚经历金融危机，很多单位取消了本年度的校园招聘，找工作比我们想象的困难很多。我先后拿到毕马威会计师事务所、中国银行的录取通知。但当毕马威会计师事务所通知我 80% 的概率解决不了北京户口时，我放弃了。虽然我知道，进银行大概率是去网点做柜员，但是会计师事务所的工作至少能学到本事。对确定性和扎根北京的强烈渴望，促使我选择了中国银行。一个一无所有的人，总想牢牢抓住点什么。然而，这种过于强烈的求生欲，往往让人只能看到眼前的东西。

2015 年，我被提拔为团队主管，在同龄人里是最早被提拔的。作为没什么资源可拼的北漂，智商、情商也都平平，这个最早的提拔，是我靠玩命加班换来的。我敢说，那几年我是部门里加班最多的人，没有之一。最累的时候，平均每周工作 100 小时以上。是的，你没看错，并不是所有国企职工都是朝九晚五、喝茶看报的，大多数人的清闲，是以少数人比 996 更忙作为代价的。我曾以为多付出是职场成功的法宝，这种想法一直延续到 2017 年。

我一直是个不计较个人得失、全力奉献的好员工形象。虽然在领导身边工作，但除了提出更换岗位，我从没为了个人利益找过领导。只要工作报告还能优化 1%，我从不介意整个周末用来加班。但到了 34 岁这一年，我突然“疯”了，不管领导怎么做，都不能让我满意。

因为我很恐惧。我创造的价值远低于单位给我的薪水。我是做行政工作的，有点类似于领导秘书，做着写材料、审核数据表、陪领导调研后撰写报告、批办公用品申请、批公文文号、批差旅费报销单、审各类检查通知、审批员工加班申请表之类的工作，一年挣 50 万元，实在是太多了。猎聘网上很多同类的工作，年薪不过 10 万元～30 万元而已。干着低价值的工作，拿着高收入，看似性价比高，实则蕴藏着很大的风险：如果我失业了，还能找到同样薪水的工作吗？如果我的岗位被“优化”掉了，而我垂垂老矣，领导会怎么安置我呢？

我也很不甘心，做这样低价值的工作不是我的本意，时间那么宝贵，我却只能用来开会讨论一些我毫不关心的事儿，写毫无意义的工作报告，甚至为了找领导签字而在门口排队长达一个小时。我想把时间花在更有价值的事情上，但我掌控不了自己的时间。不能掌控时间，就不能掌控人生。

其实，这种不满情绪并不是 34 岁这一年突然爆发出来的，在我工作不满两年的时候，甚至在我加入银行之前就开始了，直到 2017 年我 32 岁时焦虑情绪才变得非常明显。之前总觉得在银行还没干出什么成绩，总想证明自己行，哪怕所做的工作没什么成长价值，也希望尽 120% 的努力，把它做到尽善尽美，获得认可。其实，我内心深处对这份工作的不满情绪一直在增长，对发展空间、个人成长和市场价值，都很不满意。

青年福布斯精英刘媛媛在《精准努力》中说："你所在的位置决定你的价值，不是所有地方都值得坚持和努力。"我分析后认为，当时的工作有三大缺陷会把我置于死地：第一，没有专业价值，在市场上很难找到更好的工作机会。第二，没有数字反馈。别人拿业绩说话，有数字，完成两倍业绩就可以拿两倍奖金，还能作为升职砝码，而行政工作没办法衡量业绩。看不到数字，自己没办法评估成长速度，领导评价你也只能靠主观感受。第三，客户太单一。只有领导这一个客户，是上级，能否有职业发展，全看这一个人的评价。如果用投资来做比喻，我的工作就像 P2P，能不能有收益，就看有没有爆雷，一锤子买卖。而别人的工作是指数基金，一篮子股票，选对指数、长期持有就会有可观的收益。

我马上就 35 岁了，如果不尽快调整岗位，就来不及了。要么在本单位换个岗位，要么辞职跳槽换个岗位。于是，一向不计较的我，开始不停地找领导，要求换个更有价值的岗位，想改善时间价值太低的窘状。当时，我的诉求是一线营销岗，觉得做营销才是银行的主流业务，机会更多。而且营销工作是专业的，能提升职场竞争力，还有数字反馈，会有很多客户，不像行政工作这样只能依靠领导一人的评价。但调整岗位哪是那么容易的，100 多人的部门，主管岗位就那几个，牵一发动全身。岗位换不了，于是职业危机感让我丧失了基本的容忍度，以前职场中的一些“小问题”，在职业危机感的滤镜下，被放大成原则性问题，觉得愈发不能忍受。而且对工作的不满意，还产生了更广泛的恶劣影响。首先是情绪，我变得郁郁寡欢，甚至好几次情绪崩溃到在家大哭。然后是生活，以前也经常加班到深夜，陪孩子的时间很少。但当我有了职业危机感后，对这种严重影响生活的工作状态就越来越不能忍受。

换岗太难，于是我开始寻找机会，想跳槽。但跳槽也不容易。如果你是人力资源主管，为什么招聘一个 30 多岁、有七八年工作经验、还有一定职务的人呢？公司想要的是熟悉工作、来了就能干的人，而我想要的既不是薪水也不是职务，而是有人带我在新的领域从零学起。我付费找了 3 位人力资源专家帮我分析，他们要么建议我不要跳槽，这个年纪应该保持稳定，要么建议结合行政、人事、写业务分析报告等过往经验和优势找工作，不要放弃过往的积累。他们能告诉我怎么快速找到工作，却不能告诉我怎么突破个人成长瓶颈。我想要的是跨界、转型，从头开始学习、成长的机会。证券、互联网、金融科技、传统行业，我都试过，虽然也遇到一些机会，可我最终没敢离职去尝试。

究其原因主要有两个：一是我不确定是否能遇到可靠的引路人；二是不知道是否会在几年后又摸到天花板。

2. 保险销售，是你的理想职业吗？

就在我犹豫换岗位还是跳槽的时候，和一位朋友的聚餐让我找到了第三条路。这位朋友，就是现在我的领导李彦鹏总监。2017 年年初，我们吃饭时聊起我要跳槽、换岗位的打算。之所以会跟他聊这个，是因为他是我朋友中非常成功的人之一。虽然我们是同龄人，但他在自己擅长的领域——保险行业取得的成就令我钦佩。他从一个毫无资源的北漂大学生，靠网络展业吸引了大量客户，包括我也是他的客户之一；他还带起了一支上千人的大团队。关于职业发展，我很想听听他的意见。

后来闲聊中，他告诉我一个非常扎心的消息：他的一个 90 后小助理，辞职转型做保险经纪人，只用了一年时间就有了不小的影响力，吸引了很多客户咨询。我见过这个 90 后小男孩，他从外地来到北京，看起来跟普通小白领没有什么区别。没想到他只用一年时间就对保险非常专业，还能通过自媒体打造出自己的品牌和影响力，吸引了不少客户。

名校毕业，银行工作，团队主管，这些所谓标签给我带来的优越感瞬间崩塌。我对跳槽、换岗位的事儿也没那么上心了。李总说那个男孩的自媒体做得很好，我看了他写的文章，逻辑清晰，通俗易懂，如果我想买保险，确实会考虑找他这样的业务员。其实，我也能写出这样的文章，我给领导写的业务分析报告，字数够出 10 本书的。人生最大的遗憾，莫过于“我本可以”。

这个比我小 7 岁的 90 后男孩，让我重新思考自己的职业痛点。一直以来我都是从事后台工作，所以我一直想做一个懂专业的业务人，认为这是职业竞争力的核心。有了专业，我就有了话语权，能在职场持续进步。后来，我认识到只有专业远远不够，还要做有数字反馈的工作，而且要有很多客户，不能像行政工作一样，把职业前途完全寄托在领导认可上，所以我想调整到一线营销岗位。

李总的这个小助理让我认识到，以前的诉求——专业、数字反馈，都是对的方向，但都不是核心。关键是要有自己的沉淀和品牌，有拓展客户的能力，树立不完全依靠平台的个人影响力。有很多客户，这是需要的，但还不够，关键是客户要对我有黏性。我想起一个在银行做客户经理的同事，他跟我吐槽他业绩不好的原因是，他手里本来有几个非常好的大客户，后来领导却把这几个客户分给别人做了。

李总讲完他助理的故事，我想到了另一个人，即“粥左罗”公众号的作者粥左罗。一个从农村出来的普通大学毕业生，也是 90 后，靠公众号写作（他们叫作内容创业）成为大V，有一批忠实的粉丝和客户——我就是其中之一。我加班给老板写业务分析报告、汇报 PPT 时，那个小我 7 岁的 90 后发表了一篇中产家庭如何买保险的科普文章；我加班做考核表格时，粥左罗正在制作他的知识付费课程；我不得不参加一天的第三场会议时，我做保险的朋友在参加税务规划培训，很快就会用学到的知识赋能客户服务。

就像英国著名作家柯林·威尔逊所说，那时的我就像一头站在雨中的牛，以斯多葛式的哲学辛苦劳作，忍受折磨。如果我想在几年内再上一步，同时又能相对稳定舒服，在单位等着换岗或是跳槽转型都可以。但之后呢？再工作几年，估计还会不满意。我可以有专业、有数字反馈，但我不知道跳槽后怎么建立个人价值、个人影响力，这个问题不解决，迟早还会焦虑。

所以，对于跳槽这件事儿我犹豫了，开始倾向于转型做保险或是内容创业。内容创业是条好路，我也愿意付出，但毕竟了解信息有限，也不认识通过这条路做起来的人。而身边有李彦鹏总监这样做保险很成功的朋友，我了解他、信任他，他的成长经历给了我信心，而他又培养了那么多优秀的组员，这更让我备受鼓舞，觉得自己也可以复制。相对来说，保险是一条确定性更强的路。于是，保险销售进入了我的职业选择范围。

保险销售这个职业进入我的视野后，我又发现了很多和我有相似背景，转型做保险并且做得不错的人，这给了我很大的信心。他们中有清华大学、北京大学、北京师范大学等名校毕业生，也有从互联网、金融、传统国企等大平台辞职的人，还有像我一样从农村来的北漂。深入了解后，我发现，保险这份职业可以让我找到更多价值，比如：

（1）自己掌控时间，花在有专业价值的工作上。

（2）吸引一批粉丝和客户，持续打造个人品牌。

（3）有数字反馈，可以“肆无忌惮”地努力，多劳多得，创造更高收入。

（4）持续学习，持续成长。

（5）职业和生活平衡，能分配更多时间关注健康、兴趣和家人。

（6）对社会更有价值，帮到客户时更有满足感。

我的职业发展痛点，保险销售都可以解决。虽然我知道很多人（包括我的亲人、同事、同学、朋友）都会说：“别忘了你是中国人民大学硕士，保险行业却是大专生都可以干的，你疯了吗？”著名天使投资人李笑来说：“听大多数人的话，参考少数人的意见，自己做决定。”保险行业现在还没有那么好，但未来一定会很好，因为会有越来越多高水平的人看到这个职业的价值。事实上，现在已经有越来越多的高学历人才从大平台辞职来到保险行业了。如果我的判断是对的，而现在大多数人都不理解，那我应该窃喜，这说明机会还在。如果大家都看好保险行业，都想入职做保险销售，行业里全都是名校的硕士、博士，或者都是有资源、有背景的人，那竞争就太激烈了。

很可惜，这只是理性分析。从理性上，我知道转型做保险比我原来在银行的工作更有价值，比跳槽到其他企业更有发展空间。但感性上，我还没做好准备放弃稳定的工作，进入没有底薪的保险行业。

3. 没有底薪的工作，你敢做吗？

保险销售是没有底薪的，其实就是自由职业，看业绩拿工资，这是我看好保险这个职业，却迟迟下不了决心辞职转型的原因。其实对自由职业的恐惧，从我小时候就开始了。我在农村长大，父母都是农民，我妈一辈子没有参加工作，我爸做过几年稳定工作，其后一直是打零工的状态，收入不稳定。我姥姥姥爷都比较重男轻女，他们没让我妈上学，只让舅舅们读书。舅舅们毕业后当了公务员、医生，经济条件都比我家好很多。所以，在我父母的认知里，有一份稳定工作很重要。从小到大，他们都盼着孩子将来读书上大学，找个稳定的工作。所以，当我拿到银行的录取通知时，他们都长出一口气，非常满意。

在北京落下脚之后，高昂的生活成本更增加了我对自由职业的恐惧。每个月过万元的房贷，大几千元的养娃成本，还有日常生活费用，都要求我有稳定的收入。否则过不了多久，我的存款就会花光，银行就会把我轰出房子，一家人露宿街头，甚至灰溜溜地逃回村里。没开玩笑，这就是我当时对于自由职业的灾难化思维。这种灾难化思维影响过我很多次，比如 2007 年，我获得中国人民大学的保研资格，就不敢再冒险考北京大学的研究生；2009 年，我明知道会计师事务所的工作更有专业价值，但还是为了北京户口选择银行。现在，银行稳定的工作或许有很多不满意的地方，但 50 万元年薪、分行部室岗位、团队主管，这是很多人甚至很多同事都求之不得的。万一我放弃了这份稳定的工作，做自由职业又没做好，那不是鸡飞蛋打吗？这是一根谈不上多牢固的救命稻草，可我总想抓着它，鼓不起自己游泳的勇气。

2017 年我整整犹豫了一年，一边考虑要不要做保险，一边找别的工作。也拿到了几个录取通知，但因为还惦记着保险行业，没想好银行工作、新工作和保险销售哪个更好，所以我没动。我必须想清楚，我对确定性的要求到底有多高。银行的工作无疑是最稳定的，虽然稳定的限度只是不会失业而已，岗位调整、人员结构优化都不是我能控制的。几个新的工作机会，更市场化，相比我当时的工作来说，收入更高，稳定性稍差一些，而保险销售的稳定性是最差的。

我从事保险行业之后，接受过很多咨询，发现我不是个例。大部分人，尤其是当年在学校里学习成绩很好的人，对确定性的需求都很高。他们都有跟我之前类似的工作——说不上很满意，但也来之不易，沉没成本很高。做出跳槽的决定可能比较容易，但转入保险这样的自由职业，就很难——小的改变很容易，大的改变很困难。其实，他们都非常清楚，跳槽只是短暂摆脱困境，换了个环境，并没有从根本上解决问题。

而且很多人像我原来一样，习惯了单位“福利”，除了工资，还有食堂、有补充医疗保险，个人生活已经和单位福利牢牢地结合在一起，如果失去了这一切，似乎整个生活都会发生质变。我一想到辞职后需要自己掏钱买午餐，看门诊的费用自己承担，就会觉得压力很大。

这些都是沉没成本，而机会成本显然更大。每天在不满意的环境中工作，职业上升通道越来越窄，大量时间花在对个人成长没什么价值的事情上，有些想尝试的事情既没有时间也没有胆量做，常偷偷想象“如果我做好了保险该是什么样”，每天都被不甘心包围着。这和放弃稳定工作、尝试没有底薪的自由职业相比，哪个更痛苦呢？

现在有人咨询我保险这个职业时，我会说：“如果你对确定性的要求非常高，那么保险这个行业真的不一定适合你。”虽然我是从国企转型过来的，但当时做决定确实很难。只有一个人真心认为“长痛不如短痛”时，才能下定决心，从稳定的工作中跳出来，做没有底薪的保险销售。

4. 能摆脱“稳定”枷锁吗？

美国著名经济学家彼得 · D. 希夫的著作《小岛经济学》中有一个故事，我读完之后深受触动。

从前，有3个人——艾伯、贝克和查理，他们住在一座岛上。这里地处热带，生活原始，他们只有一种食物：鱼。幸运的是，小岛周围有数量可观的鱼，每条鱼都很大，足够一个人吃一天。不幸的是，他们没有任何捕鱼技术，只能跳进水里用手抓鱼，每人每天只能捕到一条鱼。

他们每天的活动就是醒来捕鱼、吃鱼、睡觉。生活算不上惬意，但非常稳定，总好过忍饥挨饿。艾伯、贝克和查理很想提高自己的生活水平，但由于他们每天全部时间都用来捕鱼，而且只能捕到一条鱼，所以心有余，力不足。

一天夜里，仰望繁星点点的夜空，艾伯开始思索自己生活的意义。“难道我的日子就这样了吗？肯定有比现在更舒心的日子。”除了捕鱼，艾伯还想做点儿别的事情。他想做几件更好、更时尚的棕榈叶衣服，他想要一个遮风挡雨的住所。但他每天忙于捕鱼糊口，这些梦想如何成真呢？艾伯的大脑飞快运转着……突然他想到了捕鱼器，这个物件可以大大降低鱼溜掉的概率。有了它，就能捕到更多的鱼了，而那些空闲的时间，他就可以用来做衣服，建个住所。

第二天，贝克和查理注意到艾伯没有捕鱼，而是站在沙滩上用棕榈树皮搓绳子。“你干什么呢？”贝克问。艾伯解释说他在做捕鱼器。查理惊得眼珠直转，“你疯了……要是你这捕鱼器不好使，可别哭着来跟我要鱼吃。”艾伯没有被查理的话吓倒，仍然继续织网。

那天晚上，当贝克和查理吃饱睡大觉时，艾伯却只能在脑海中想象美味的鱼肉来对抗难忍的饥饿。然而，饥饿带来的痛苦并没有浇灭他对未来的希望，因为那天结束时，艾伯织完了自己的渔网，他希望自己将来有吃不完的鱼。

第二天，贝克和查理对艾伯的发明好一顿嘲笑。艾伯回应道："等着瞧吧，等我的鱼多得没处放时，看看那时笑的是谁。"艾伯拿着渔网朝海浪冲去，他对如何使用这个奇怪的渔网还不得要领，因此不断遭到两个朋友的嘲笑。但是几分钟后，他找到了窍门，很快就捕到了一条鱼。贝克和查理不再笑了。

在接下来的一小时里,艾伯又捕到了第二条鱼。两个伙伴惊叹不已,毕竟，他们通常一整天才能抓住一条鱼！从此艾伯跳出了原来的"稳定循环"——他终于有时间做件衣服、建个房子。

读完这个故事，我激动极了。艾伯捕鱼、吃鱼、睡觉，我上班、领工资、休年假。如果我不敢像艾伯一样打破循环，就要像贝克和查理一样,终生不得自由了。我们所谓的稳定,并不是"舒服"的代名词,对于绝大多数普通人来说，当前的稳定状态，也绝不是理想中生活的样子。

在银行，每年几十万元的年薪，绝不至于拮据。中产阶层该有的"小舒服"我都有，靠这份稳定的工资，贷款买了学区房，送娃上私立双语幼儿园，每年也能安排一两趟国内或东南亚的旅游……可也没多舒服。虽说也能存下一些钱，但头上始终悬着这 3 把剑：不知道什么时候能还清房贷,万一家人生病,大概率要卖房,万一娃将来要出国读书,真的需要勒紧裤腰带……常常想起十几年前大姨生重病，在学校工作的表哥不得不放下工作照顾大姨，领导的不满、养家的压力、治病费用的负担，他常常做兼职到凌晨三四点。每次我妈讲起这些，都会心疼得掉眼泪。

为了维持“小舒服”的中产生活，我不敢辞职。可要挪走“3 把剑”，给自己真正的安全感，又只能辞职——在银行，职位晋升，收入增长，这些岂是我能掌控的?“难道我的日子就这样了吗?”我像艾伯一样问自己。

刘媛媛在《精准努力》中提到一个公务员朋友，对系统内的工作不满意，足足抱怨了 5 年，但因为害怕生活质量下降，迟迟没做出决定。后来刘媛媛帮他算了一下，到退休之前，即便再辛苦工作 30 年，他到手也就能再拿到 300 万元。她说:“这就是你的余生。”公务员朋友震惊了。

“两万条鱼，这就是你的余生”，上帝对艾伯这么说。艾伯不甘心，他饿了一天肚子，放弃那条本来可以捕到、吃到的鱼，冒着风险（捕鱼器可能不好用）发明了捕鱼器，创造了更宽松惬意的生活。

与其说有一份在银行的体面工作，不如说是被这份工作“圈养”着，既不会沦落到社会底层，也抹不去心中的惶惶不安。这种稳定是以自由和更好的状态为代价的。那时的我，就像一头站在雨中的牛，明知道应该去避雨，但因为生怕挪动一步就会陷入深渊，便不肯走路。明明是自由身，心里却戴着枷锁。

向上需要勇气。我在银行工作稳定，不过是短期内维持现状很容易，可一旦引入时间变量，就会发现这种稳定的状态恰恰是最不稳定的，是假稳定。没有哪个单位真的能提供一个稳定的工作岗位，因为单位也在不断变化中，单位所处的市场也在变化中。2018 年的全行大会上，分行领导在工作报告中说："在这么激烈的市场竞争中，银行不会永远吃大锅饭，80 后退休之前，一定会赶上淘汰机制，一些人要被优化掉。"我自认为能力和学历背景都算是员工、主管中比较出色的，但不知道为什么，当时第一反应就是被淘汰掉的人里一定有我。细想原因，是我在后线岗位工作 10 来年，处理琐碎的杂务多，真正能长本事的事儿干得少，对个人价值越来越不自信了。

本事是我想长就能长的吗？当我希望去前台营销岗位锻炼时，领导的第一反应、第二反应、第三反应都是阻拦。维持系统的稳定运行，必然需要个人牺牲。即便这不是一个有长期价值的岗位，也总要有人在其中深耕。或许有一天，刚加完班的我会收到人力资源部通知：你被优化了，再见。

"我是一颗螺丝钉，哪里需要往哪拧。"有的同事本来处在非常核心、有价值的岗位，某天被调往边缘岗位。有的同事做客户经理，本来负责核心大客户，某天客户被分配给了别人。这样的变动，你有办法抗争吗？

我也有朋友在传统国企工作，岗位相当清闲，下午 4 点多就能下班，她过得相当快乐。后来，领导找她谈话，把她调整到了一个刚刚成立、任务繁重的新部门。这样的岗位调整，你有能力和领导谈判吗？即便短时间内谈判成功了又如何？

不必抱怨领导，每个人都只是大机器上的一颗钉，这就是稳定的代价。未来5～10年，我能确定的，只有年假天数会增长，职位、收入、能力、价值，哪个都不在我的掌控范围内。

以前我觉得，那些游手好闲的人是在混日子。现在我发现，按部就班工作的人才是混日子。真正的稳定不是稳定的岗位和收入，而是稳定的掌控力。

我在银行做行政工作时，做得太顺了，到后来甚至是左右逢源，写材料、审核数据表、陪领导调研然后写报告……这样的工作，到后面几年，几乎闭着眼睛都能做好。如果我跳槽，还干同类型的工作，年薪不过是10万元～30万元而已，想要保持住这50万元收入，我就必须在这家银行坚持干下去，这算稳定还是不稳定？

在成长过程中，有件事我一直觉得遗憾。2007年，我以全班综合分数第一的成绩，获得本专业研究生保送资格。我在中国人民大学读的专业是国际贸易，既不是学校的优势专业，也不是求职市场上的热门专业。我的同学，有人考了本校更好的金融专业，有人考了清华大学、北京大学的研究生。我也纠结了一下，要不要放弃保研资格，去考更好的学校、更好的专业。但保送资格是很难得的，每个班只有几个人能获得保送资格。考研虽然不像高考竞争那么激烈，但也是千军万马过独木桥。万一放弃保送，自己又没考上，岂不是鸡飞蛋打？几经衡量，最终还是选择了更为稳妥的保送。我的性格里，终归是少了一种冲劲儿，那种小富即安的思想，总在关键时刻影响我。所以，现在我看到有的同事本科就读的是北京邮电大学，研究生考到了北京航空航天大学，或者本科就读的是对外经济贸易大学，研究生考到了北京大学，我会肃然起敬。他们放弃了更容易但也很不错的路（不管是保送还是考本校本专业研究生，都比考外校容易得多），选择了困难而正确的另一条路。我遗憾当时自己选择了稳定，也就让自己永远定格在中国人民大学这个水平线上。我感恩母校，但也知道有更好的。

这个憾事，也让我在这次职业发展的选择中有了些警惕。在别人看来，银行的工作很好，很难得，但如果我还是选择抓住手里的稻草，就永远不可能游到另一处河里，也体会不到更丰富的经历。保险这个行业虽然没有底薪，但相比绝大多数行业，其实它更加稳定。因为你必须提升自己，让个人价值和价格（收入）相匹配。真正的稳定，是稳定的自己，稳定的能力，而不是稳定的平台。

这种思维促使我从银行辞职，进入考察已久的保险行业。

5. 辞职会让你恐惧吗？

尽管我下定决心转型，但对辞职后的生活，还是非常恐惧的，毕竟是辞去年薪几十万元的稳定工作，转入没有底薪的保险行业。但现在回头来看，其实转型并没有我最初想象的那么困难和痛苦。

“如果辞职，我的生活就搞砸了。”或许我们会觉得，辞职就意味着生活方向彻底搞砸了，其实没有哪种方向性的改变是完全不可逆转的。2018 年，我特别担心，万一辞职后，发现保险干不好，然后怎么办呢？当时有人问我：“不能凭你在银行 10 年的工作经历，再找一份同样的工作吗?”我说：“很难，马上 35 岁了，不好找。”但是，我辞职后的半年内，有好几位关心我的领导、朋友，给我推荐其他银行的工作，其中不乏我能胜任，并且收入也不错的岗位。

现在回想起来，我当时把自己限制得那么死，并不是想找一份“收入相当”的工作，因为没有谁规定必须赚几十万元才能生存。当时，我是妄图在保险行业失败之后，还能恢复到以前的生活环境和生活水平，就像蜗牛回到壳里一样。

我在银行工作了 10 年，父母、亲戚、朋友、同学，都知道我是“银行的”，同事都知道我是某部门、某团队的主管。而现在，我突然换一种身份，天哪，我甚至都不知道见他们第一句话该说什么。我当时想：谁能保证我做不好保险，还能让我回到某银行的某团队呢？要是有神仙能帮我抹去这一段失败经历就好了。

实际上，唯一不变的就是一直在变，只不过是被动和主动、缓慢和快速的区别罢了。谁说在银行工作就能一直没有任何变化？难道职位、岗位不会变吗？谁能保证所有变动都是对我们有利的?

辞职后会没钱生活？当然不会。我以前非常习惯到点领工资的生活节奏，每个月入账多少钱，这笔钱怎么花，我甚至提前一年就可以计划出来。辞职不就意味着我再也领不到工资了吗？是的，这就是自由的代价。做自由职业，就不能像那些跳槽到另一家单位的人，很快就会有新的现金流来源，甚至可以无缝衔接。但钱依然不是问题。以绝大多数中国人的储蓄习惯，只靠存款生活一阵子（半年到一年）并不困难。如果存款确实不多，那就应该在辞职之前先积蓄一段时间，至少存够半年的生活费，还可以暂时削减掉不必要的开支：多坐地铁，少开车；多在家做饭，少下馆子；自己在家贴面膜，少去几趟美容院。甚至，还可以把一些闲置在家的东西卖掉。

总之，一定有很多办法，在不工作的情况下也能有足够的现金流。钱并不是问题，问题是恐惧的情绪和心理。2018 年，我手里即便有足够两三年生活的储蓄，也不敢贸然辞职。因为我不相信自己离开银行还能赚到钱。但实际上，我离开银行后赚到了更多钱，而且这并不是关键。关键在于，我现在知道朝九晚五的工作以外，还有很多赚钱的方式，比如做自媒体，做银行职场咨询，甚至可以送外卖。在几万年前，人类每天早上起来，都不知道午饭在哪里，不也进化到今天了吗？有半年的生活费用积蓄，180 天的时间，怎么会找不到下一步呢？

辞职会失去社保和退休金？不会。我曾经以为从有“五险一金”的工作中脱离出来，就会堕落到社会底层，跟那些没有社保、打零工的人一样惨。其实，辞职前可以想办法处理好这件事，比如咨询当地的人才中心。现在，北京各区的人才中心都为本区户口的人免费保存人才档案，还可以帮助交灵活就业社保，而且服务态度非常好，服务流程极其规范。

从 2019 年 8 月辞职，到 2020 年 4 月明亚开始给我交社保，中间 8 个月时间我都是在人才中心交社保。社保中最重要的两个保险就是医保和养老金，我当时选择的是最低档的职工社保，每个月只交 1300 多元，就能解决这两个最核心需求。

为了应对极端的大风险，辞职前，我还给全家人都买了百万医疗险（每年能报销 300 万元的住院费）和中端医疗险（可以报销协和国际部的住院费），对比原来银行给我交的补充医疗险（只能报销 10 万元社保内住院费用）好太多了。入职明亚后，我还参加了公司的团体高端医疗险，保障力度比以往在银行工作时更强大了。

唯一不如以前的，就是门诊看病花费的钱，除了社保能报销一定比例外，其他的都要自己承担。以前已经习惯了感冒发烧看病，几乎可以用单位补充医疗全部报销。其实，补充医疗每年最多报销 2 万元门诊费用，还都是社保内用药，并不是大多数人感觉到的“单位什么都管”。转型做保险后，身体状态比以前明显好转，去医院的次数明显减少，我现在甚至觉得自己以前总跑医院，可能是身体对上班的一种默默抵抗。现在偶尔去医院，会跟医生说，反正我也没有“二次报销”，不受社保限制，有疗效好的自费药就给我开上。

做保险后，我发现了一些很好的商业养老金保险产品，跟社保一样，可以从一定年龄（比如 55 岁、60 岁）开始领养老金，活多久领多久，而且比社保更有确定性，不受人口老龄化等的影响。我把家里的一部分资金配置到养老年金保险里，现在做的商业养老金计划，可以确保我从 60 岁开始每个月都有 1.5 万元的养老金（不含社保养老金）。未来随着收入增长，还会继续加保。

辞职会毁了我的简历？为了一页纸，逼自己变成一头永不停歇的驴才是最可悲的。谁规定我们大学毕业后就必须兢兢业业工作到退休？学生还可以申请休学呢。我从银行辞职时，办理辞职手续的同时，就已经投入到保险事业中了。没有了无休止的会议和汇报，大脑的思考会更有深度，自由状态下会有更多智慧迸发出来。这些收获，比在简历上刻意描述一头不停歇的驴更有用。

英国作家托马斯 · 亨利 · 赫胥黎说："在自由的状态下犯错，远比戴着枷锁做正确的事情要好得多。"如果平时常有辞职的想法，那就说明现在的工作对我们来说已经是一艘要沉没的船，为什么不辞职试试？人生又不是以你工作了多少年、赚了多少钱来衡量，这就是一场增加"经历"的过程。

亲身经历过危险的人会知道，危险没有那么可怕。辞职的时候，我并不知道能不能做好保险，但让我兴奋的是，我很快就要知道了。我知道，银行的工作是我不能长期忍受的，历经两年的纠结，我终于和它说再见了。我不想再做一头雨中的牛，不想每天花三四个小时开没有任何结果的会议，不想纠结到底应该努力"做事"还是认真"表现"，不想再把大量心力损耗在彷徨、疑惑，甚至抱怨中。

我去做一些自己能把控的事情，即便最终失败了，我也至少知道了自己不行。或许半年或一年后，我没做好保险，又要去找一份稳定的工作，但那时，我的心态肯定已经完全不同。英国前首相本杰明·迪斯雷利说:“行动未必一定带来快乐，但没有行动就一定不会有快乐。”这正是我辞职时的想法。

6. 家人支持吗?

常有人问我说:“老公、父母反对我做保险，该怎么办?”我的意见肯定是先要保证家庭和谐。做保险归根到底只是一个职业选择而已，工作也是为了更好地生活，为了做保险而闹得家反宅乱就没必要了。而且，有家人支持，对做好工作肯定是有帮助的。家庭和睦，心情更好，工作专注度更高；家人帮忙，能让我们在工作上投入更多的时间，家人还可能给我们介绍一些客户。

2017 年我想做保险的时候，先跟我妈和我老公商量。他们都觉得我简直疯了，一个中国人民大学的毕业生怎么能去卖保险呢? 有银行这么稳定的工作，怎么还不知足? 我妈说:“你肯定卖不好保险，卖保险的人都要挨家挨户去跑，你方向感那么差，连个地方都找不着。而且你怕狗，要是客户家有狗你怎么办?”我老公说:“卖保险是要求人的，你脸皮那么薄，干不了 3 天就得哭着逃跑。”

其实，我拖延了两年才进入保险行业，并不是因为家人反对。而且，最终我进入保险行业时，也并没取得所有家人的支持。

2018 年，我老公不仅开始转向支持我做保险，而且配合我卖掉了手中的投资房，来帮我做好入职前的经济准备。为什么一年多的时间他就从不支持转向支持了呢？因为我想好了，我坚定了，我不停地游说他，跟他倾诉我在银行工作中的困境，以及从事保险行业的好处。有几次因为职场中发生了一些不愉快的事情，我在家崩溃大哭，我老公也是非常心疼，就说：“如果这么不开心，那就赶快从银行辞职吧。”后来，我们就平心静气地讨论辞职以后应该选什么行业、什么公司，他慢慢地对保险这个行业认识更深入了，从强烈反对，到不那么排斥，再到默许，最后转为支持。

但我知道，肯定说不通我妈。我妈一辈子没工作，在她眼里最值钱的就是一份稳定的体制内工作。好在我们不生活在一起，2019 年我辞职转型做保险时，压根儿没有告诉她。直到 2020 年 9 月我即将达成 COT（Court of the Table，全球寿险百万圆桌超级会员）、入围保险名家银奖的时候才跟她说，我已经做保险一年了，收入也比原来在银行时提高了。她没有像我想象的那样大惊失色，指着鼻子训斥我。我以为她会说：“收入提高有什么用，今年收入提高，有可能明年一分钱都赚不到呢。银行收入多稳定。”但是她没有说，只是问我保险工作是不是很辛苦。

不得不承认，如果你真的看好保险行业，并且已经破除了心理障碍，别人的意见根本不能左右你。如果能，只是因为你还没有想好而已。我接受过上百个职业咨询，有家人支持的，也有不支持的。最终他们的选择，和家人是否支持其实一点关系都没有。这就像很多人买保险，以老公不让买为理由拖延下来的，除了极少数自己一点收入都没有，大部分还是自己没想好要不要买，根本不怪老公。如果你真的很想做保险，你会想办法让家人支持的。要么是转型之前说服他们，要么是转型之后用成绩证明给他们看。连我妈这样对体制内工作盲目信仰的人都能支持孩子做保险，我相信其他人也能。

7. 做好最坏打算了吗?

2017 年 5 月，我已经在银行工作 8 年。一个下午，部门召开经营形势分析会。我发完言后，假装上厕所，从会议室走出来，到楼道里打了一个多小时电话，向一位保险行业的朋友咨询转型建议。

他劝我别冲动决策，转型做保险，不能只看到别人做保险年薪百万元，毕竟没有底薪，要做好前期没收入的准备。银行工作，不管喜不喜欢，至少收入稳定。他问我:“如果半年到一年没有收入，你有压力吗?”没压力，怎么可能? 北漂、有娃、有房贷……回到会议室，我根本听不进别人在说什么，时而热血上头，想会议结束后立马辞职，时而充满焦虑，生怕转型后做不好，仓皇落魄。

那天什么都没发生。一年后，2018 年，我还是我。之后又开过几次经营形势分析会，月初还是做报表，月底还是写总结，年底又帮领导写了一次述职报告。还是常常加班，有时候是真忙，有时候是装样子，职位、收入也都和一年前一样。房贷还是那么多，2018 年的生活开销和 2017 年也差不多。唯一的不同，是我长了一岁。孩子也长了一岁，从幼儿园小班升到中班。我几乎能看到 2019 年、2020 年，甚至 2030 年的样子。

2018 年，部门有几位老同志退休了，他们比网上报道的逃离北上广的那拨人跑得还快，甚至等不到正式退休那一天，就迫不及待地以提前请病假的方式，放下那份干了三四十年的工作。我虽然厌倦了自己的工作，却也不羡慕他们，反倒更羡慕那些辞职跳槽的几位年轻人。真正吸引人的不是“时间自由”，而是“选择自由”。

网上有这么一个段子说:“不要责骂年轻人，他们会立刻辞职的，但是可以往死里骂那些中年人，因为他们不敢辞职。”越不敢，就越找不到出路。于是，我决定宠自己一次，卖掉投资的小房子，“买”个自由身。这套房子曾经给了我很多安全感。这套买在 2017 年高点上的投资房，本计划作为我和老公的养老保障，现在却成了枷锁。因为高额的房贷，我不敢轻易辞职。

卖掉这套房子，不仅可以大幅减少房贷，还可以回笼一大笔资金。

这笔资金能让我有基本的安全感，即便做不好保险，即便老公也失业，这笔资金也可以保证几年内生活无忧。最坏的结果，不过是失去一套小房子，反正它也是我奋斗得来的。如果我真做不好保险，就当我投资亏掉了。如果做好了，我还能再把它买回来。

我亏损 30 多万元卖掉了这套房，但我很高兴，因为这是我辞职的底气。当时，我把这笔卖房款买成了股票和基金。2019 年我辞职时，卖掉一手贵州茅台股票和一部分基金，换了 30 万元现金放到活期账户里，告诉自己这是未来一年的零花钱。不管能不能做好保险这个新职业，有这 30 万元，我就可以该吃吃，该喝喝。

我们常常会有灾难性思维，从一份稳定的工作中辞职，会把损失想得很惨重，其实并没有那么恐怖。我当年如果转型失败，损失的不过是那 30 万元而已。卖掉了房子，将来万一有家人生病怎么办？我拿出两万元给一家人都买了中端医疗险，可以报销上百万元的特需部、国际部住院费用，不靠卖房也有钱治病。所以，我也非常建议那些想从一份稳定的工作中辞职，尝试自由职业的朋友，一定要在辞职之前把家里的保障安排好。

遗憾的是，我做好这一切安排后，却没有立即转型。不知道是我的状态暴露了自己想辞职的心态，还是多年来持续跟领导申请换岗终于见到了成效，领导给我调整了一个新岗位。我想新岗位或许会不一样，抱着试试看的心态留了下来。但半年后我发现，新岗位也是新瓶装旧酒，于是还是决定辞职。因为万事都已经准备好，有足够的经济基础，这时的辞职决定几乎就是一天之内做出来的。

30 万元的零花钱让我以平和的心态进入保险行业，从一开始就做好了长期奋战的准备，给每一位客户的建议都经得起市场和时间的检验。因为不急于赚钱，我也敢走见效周期比较长的自媒体路线，因为沉得下心来积淀，优先保证自媒体输出的质量，吸引到不少高质量的中产客户群体。如果说以前的安全感是稳定的工作和那套房子给的，那么现在的安全感，就是自己征服新工作的能力给的。

如果你想转型做保险，我建议你给自己也准备这么一笔“创业基金”。虽然我们做保险的原因之一是要赚钱谋生，但正所谓“财不入急门”，背水一战，对客户、对自己都不一定是好事儿，它会让你失去良好心态。心态不好，结果很难好。保险是一份很专业的工作，必须从经济基础和上层建筑上，都能够保证你下得了苦功夫和笨功夫。如果你现在还没有这么一笔基金，建议先把“做保险”当作一个小目标，先建立良好的储蓄习惯，等存够了这笔基金，再转型做保险。

8. 你是做不好保险的 5 类人吗？

以下 5 类人，想要做好保险，是需要做出很大改变的，建议一定要慎重决策。

（1）把保险行业当成救命稻草，抱着不切实际期待的。

我见过这样的人，毕业没几年，尝试了很多行业，每份工作年收入都是十几万元，谈起为什么要来做保险，说保险行业收入很高，想在 3 年内赚到百万元年薪。这种人一般是做不好保险的。

不知道是因为某些保险公司宣传不当，还是大家眼里的幸存者偏差，有些人一提到保险行业，就觉得必是年薪百万元，于是也想进来“捞一桶金”。其实，年薪百万元的人在任何行业，都是做到头部 10% 的人。任何一个行业，想做到头部的 10%，都是不容易的。虽然目前来看，相比银行、证券、互联网等高素质人才云集的行业，保险行业的从业人员整体素质偏低，高素质人才进来以后做到头部 10% 的难度要小很多，但依然要付出很多的辛苦和努力。

如果对保险行业抱着不切实际的期待，认识不到“年薪百万元”必须对应的努力和付出，就很难沉下心来做事情。任何成功，都必定始于行动。

在很多人看来，我的成长速度是惊人的，而我第一年的工作量丝毫不比 996 的互联网行业少。2019 年的十一假期，我有 5 天在工作，学习保险基础知识和自媒体写作。2020 年的十一假期，我工作 4 天，制作保险科普课程提纲。2021 年的十一假期，我工作 4 天，付费学习自媒体矩阵运营课程。其他法定假期，包括春节在内，都是如此，至少都有一半的时间在工作。整个 2020 年，我几乎没有休过周末。

我们团队的成员，全部是本科及以上学历，其中不乏北京大学、中国人民大学、复旦大学、北京航空航天大学、北京邮电大学等国内知名高校或是海外高校的硕士甚至博士，之前的从业背景也很优秀，互联网、金融、会计师事务所、通信、公务员等。然而，高学历、好背景，这都不能天然带来更好的业绩、更高的收入，所有绩优的人员，都是很勤奋的。这么好的学历、工作背景，尚且不能天然获得高收入，更何况其他人呢？

（2）自己没买过保险的。

有一种人是我招募新人时非常谨慎的，就是没买过保险的人。这种人纯粹是抱着“哪个行业赚钱去哪个行业”的想法，卖保险、卖汽车，甚至如果不是违法，卖白粉都可能是他的选择。而偏偏卖保险这个事儿，需要一点情怀和原则，否则很容易走上歪路。

一个房产销售员，可能因为没钱而没买过房子；一个汽车销售员，可能因为没钱而没有自己的汽车。但如果一个保险业务员自己都没买过保险，这绝对不是因为没有钱，因为即便再低的收入，都至少可以买个医疗险、意外险，一年只要几百元。如果年收入十几万元、二三十万元、四五十万元的人没有购买重疾险，也是很费解的。一年只要一万多元，就可以保障他三五十万元的收入能力，绝不是他出不起的预算。

不是因为钱，那就是因为观念，也就是认为保险没什么用，所以不买。既然保险没用，为什么要卖给客户呢？难道保险对他没用，对他的客户就有用吗？这样的人，如果不靠“骗”，又怎么可能向客户证明保险有用，说服客户购买保险呢?

（3）“生活不能自理”的。

“生活不能自理”的人太多了，“衣来伸手、饭来张口”是他们的行为模式。有的人缺乏学习能力，其实我也不太懂为什么会缺乏学习能力，我们人类刚出生的时候连吃奶都不会，但到了一岁左右，就能学会吃饭、走路、说话。很明显，我们在学习能力上没问题，那就是学习态度问题，不愿意花时间、付出辛苦去学习。可保险行业是个自由职业，没有底薪，也就意味着从业者必须要跟上行业的变化才能生存下去。行业的变化，既包括监管政策、市场产品创新、经济形势的变化，也包括与保险相关的法律、税收等的变动，这些都需要我们时刻保持学习状态。

还有的人缺乏行动能力。用当下的流行词说，就是“嘴炮”严重，“懂得很多道理，但就是过不好这一生”。这个月听他说要给小区的妈妈们讲保险科普课，下个月听他说要学习一个储蓄险课程，还说要每天输出 5 条保险知识。结果呢? 大家都只是“听说而已，并未亲见”，他自己原本也只是说说而已。又或者，他今天写了一篇文章，就觉得自己很辛苦了，明天和后天就要躺在床上休息才对得起自己。别人一星期能干的活儿，到他那儿需要一两个月才能干完，还会听他抱怨:“我一直都在做自媒体写文章，但也没见到什么效果嘛。”

这些人都或多或少存在“生活不能自理”的问题，更适合找一家安稳的单位，听领导指令按部就班地工作，不适合做保险这样“半创业”

性质的工作。

（4）习惯了浮浅工作模式的。

现在很多保险业务员都说自己是吃“专业”这口饭的，可他们甚至一周内连半天时间都没有安静下来，好好研究他们的专业。现在，还有大量的人这么做保险。但不久的将来，这批人肯定会被保险行业淘汰。

什么是浮浅工作？美国作家卡尔·纽波特的畅销书《深度工作》中，提出了浮浅工作和深度工作的概念。深度工作就是需要长时间集中注意力、对专注度要求很高的工作，比如做数据分析、写工作报告、进行内容或作品创作等。与之相对应，浮浅工作是以不创造价值的事务性工作为主的。有些职业几乎不需要深度工作，比如电话客服、售票员。但大部分职业都是浮浅工作和深度工作交融的，比如我以前在银行做行政团队主管，既要做数据分析、写工作报告，也要处理很多琐碎的行政事务。

销售这个行业，并不必然需要深度工作。过去有很多所谓的下岗或是退休“大妈”做保险销售，主要的工作内容就是四处找朋友卖保险，她自己甚至看不懂保险合同，就是给客户讲公司教授的话术。然而，现在保险行业已经走到“供给侧改革”的关键节点，高学历的中产阶层成为保险消费主力，他们有需求，也有能力深入研究保险知识。一个只做浮浅工作的保险销售员，无法匹配这些客户的需求。台上一分钟，台下十年功。我们必须要有深度学习和研究的能力，系统地梳理保险知识体系，才能在见到客户时游刃有余。如果把平时的学习和输出作为深度工作，把和客户沟通作为浮浅工作，那么深度工作是做好浮浅工作的前提和基础。深度工作帮我们练好内功，浮浅工作帮我们签单。

现在是个注意力稀缺的年代，在智能手机、互联网的冲击下，有些人慢慢丧失了集中注意力的能力。我以前听一位朋友说，她的手机屏幕管理软件显示，她平均每分钟开一次手机。这样碎片化的注意力，既不可能学习，也不可能创作。有些单位的管理也是比较“泯灭”人性的，把员工当成机器，严重侵蚀员工的注意力系统，灌输过多的销售话术，却不培养员工的学习能力，更不给学习时间。为了完成销售任务，要求员工机械地按照客户名单打电话等，这些都是强迫员工进行浮浅工作，把员工当成工具使用。

习惯浮浅工作，并不特指某些行业或者某些岗位，即便是同样的工作岗位，人的工作模式也是不一样的。工作性质或是单位管理模式决定 8 小时之内是否有深度工作。但如果个人有更高追求，可以在业余想办法提升自己。我原来在银行做行政类工作，感觉个人能力没什么成长，就在工作之余读书，学习财务管理、人力资源管理、经济学等知识，还写读书笔记，以弥补上班时过多浮浅工作的缺憾。我一位同事，感到在原来的工作中已经没什么可学习的，就考注册会计师、注册税务师等，她转型做保险以后，在专业上的精进速度确实很快。

（5）长期做推销工作的。

很多从未做过销售工作的人，在转型做保险时会非常担心：没有销售经验，能做好保险吗？我就是从银行后台工作转型过来的，当时也有同样的担忧。其实走过来才发现，更值得担忧的，反倒是一些长期做销售工作的人。有太多人从事的根本不是销售，而是推销，他们是那种让客户一见就想跑的推销员，这里面也包括一些在保险行业做了很长时间的保险推销员。

推销的目标，是把手里的产品卖给客户。而销售的目标，是为客户提供产品。习惯了向客户推销的人，既不愿花心思研究客户需求，也不愿学习系统的知识体系。甚至有人连保险产品细节都不愿研究，恨不得一见客户的面，就一手交钱一手递投保单。在客户眼里，他们就是一群扫荡钱包的“蝗虫”，当然避之唯恐不及。

现在更适合的方式，是顾问式销售。试想，如果客户想买房子，会选这两位销售中的哪一位呢？第一位房产销售能平心静气地坐下来，听客户讲讲家里几口人，孩子多大，对孩子的教育有什么期待，大人在哪里工作，收入如何，能承担多少房贷，还能帮他们分析选购房产的核心因素包括哪些，哪个板块的房子更适合他们这样的家庭，如何在购买过程中节省税费。第二位房产销售，则是直接打来推销电话，问客户要不要投资一套某某地段的房产。客户挂断电话之后，还继续打第二次、第三次。两位销售，最后的结果，可能都是客户买了一套房子，但客户更信赖和喜欢谁？下次再想买房子或者换房，会找谁？

推销很容易，站在大街上发传单或是打推销电话，甚至请朋友照顾一下生意，简直不费力气。而顾问式销售很麻烦，要先进行深度研究，对每一个板块的房产情况都了如指掌，清楚不同客户适合哪一类房子，对交易流程、税费、贷款等政策也很清楚，然后还愿意倾听客户需求。如果习惯了做推销，转向做顾问销售，是需要在思想上、行动上都进行根本性转变的，中间会有一段很难熬的阵痛期，走过来就突破了。反倒是完全没有销售经验的人，可以从一开始就走顾问式销售路线，相对而言少了很多麻烦。

9. 你是能做好保险的 3 类人吗？

我在转型做保险之前，曾纠结了两年多时间，主要原因就是害怕做不好，不敢轻易辞去稳定的银行工作。当时有些保险行业前辈，包括我现在的领导李彦鹏总监告诉我：“虽然是销售类型的工作，谁也不敢百分之百确定能成功，但以你的学习和工作能力以及人品，如果转型后能持续保持，做好保险是大概率事件，不用过于担心。”但当时我不了解保险销售工作的规律，缺乏判断能力，对他们的话将信将疑，以至于拖延了太久。

现在我也是过来人了，看到有人像我当初一样，明明可以做好保险，却因为恐惧而迟迟不敢行动，耽误了时间，觉得很惋惜。如果是下面这 3 类人，并且转型之后还能持续保持状态，就不用把时间浪费在纠结上，早做转型才是良策。

（1）学习、研究能力强的。

任何工作到最后都是要拼内功的，学习能力强的人内功深厚。保险行业要学习的东西确实很多，这个行业最终的赢家一定是善于学习的人。我入职之前，觉得保险销售很神秘，是个需要天赋的工作。但现在觉得并不神秘，就是一门技术而已，跟上学时学习语文、数学、外语一样，一门一门地钻研，只要肯学，知识和技术都能掌握。

我把保险销售分成 3 大类学科，即专业知识、销售技能、拓客技术。专业知识又分为保险专业，以及保险与法律、医学、税务、财富管理相结合的专业领域；销售技能分为销售流程、技巧，以及销售心理学；拓客技术又分为私域流量挖掘和公域引流。学到位了，就能融会贯通，后面随着行业变动、客户层次提升，知识体系也随之更新升级就可以了。

回顾我的成长历程，对这 3 大类学科的学习从未停止，但也有一段集中学习、起步的时间。专业知识集中学习的时间大约是 2～3 个月，分布在 2019 年 10 月刚入职的前 2 个月，以及 2020 年年初针对法商领域的学习有 1 个月。销售技能的集中学习大约也是 2～3 个月，少部分是在刚入职阶段，大部分是 2020 年 5 月—6 月。那时我听了营业部的“导师在线”培训（我们营业部每周一次的线上辅导课），顿悟销售技能也是一门技术，就开启疯狂学习模式。拓客技术花了 6 个月，主要是 2020 年 5 月开始参加李彦鹏总监举办的自媒体特训营期间，2021 年 9 月—10 月集中学习了一些线上付费课程。所谓集中学习，是指每天所花的时间在 3 个小时以上。因为我们这里毕竟是工作，不是大学，所有的学习都不能耽误做业务。学无止境，因为我们对自己的要求越来越高。到目前为止，我的学习还在继续，法商、高端医疗、销售心理学、拓客技术，这些是接下来一年的主攻点。

我所说的学习、研究能力强，不一定是指学历高，属于学霸（若是学霸，能沉下心来认真学习，确实会比其他人更有优势），而是指有空杯心态的人，有好奇心，愿意学习，也有能力研究分析，重点是专注度。如果你是个专注度很强的人，那么学习、工作效率都会比其他人高，所谓事半功倍。

（2）乐于分享的。

我入行之前，一直觉得能做好销售的，都是那种外向型、活力四射、谈笑风生、气场特别强的人，但我是个偏内向的人，担心做不好销售。但入职后发现，在明亚保险经纪公司，很多绩优的人看起来比我还要内向，有的人甚至闷闷的，根本不是那种“社交型”人物。这些绩优者和我的经历都证明，如果天生外向自然很好，偏内向但乐于分享的老实人，也是可以做好保险销售的。

其实，任何企业都是通过影响别人来实现产品销售的，“卖保险”是通过影响别人的风险和保障理念来做业务，实现收入。分享是一种很好的影响别人的方式，可以帮你充分展示自己。你分享越多，周围的人对你越了解、越信任，你的个人品牌越强。如果你平时是个乐于分享的人，经常把你觉得好看的书、电影、电视剧，好玩的地方，好吃的饭馆，好用的工具分享给别人，那么做保险大概率不会差。你能影响的人数乘以影响深度，就是你的客户数量和业绩量。所以，做保险之后要提升分享频率和质量。之前可能一个月给别人分享一次好东西，做保险后每天要分享好几次。之前可能每次只向少数几个特别亲密的朋友分享，做保险后要向很多人分享，其中有些还是陌生人。之前只是分享个饭馆、电影，吃饭、看电影这事儿大家都懂，分享也比较容易。做保险后要分享理念、知识、故事、方案，很多人并没有保险基础，你要学会深入浅出地讲明白，还要讲得有趣，让人能听进去。

怎么提升分享质量呢？这就涉及前面所说的拓客技术中的公域引流和私域流量挖掘，这些都是可以学习的。如果你恰巧以前就很擅长写作、演讲，在这方面就会比别人占有先机和优势。其实，销售技巧也是一种分享技术，提升销售技能就是在提升分享能力。至于如何提升分享频率，就要靠我们的行动力来保障了。

（3）行动力强的。

如果说我这两年的快速成长有什么秘诀，我想就是行动力了。记得 2012 年在银行参加竞聘基层副职后备人员面试，2017 年参加副主管竞聘正职面试，领导对我的评价都是执行力很强。那时候，我以为执行力强就是指干活儿快，干得多，干得好。做保险之后发现，干活儿快只是最低层次的执行力，还有 3 个更重要的维度。

第一是知道干什么、怎么干，也就是做正确的事儿，正确地做事儿。这方面新人阶段没经验，要靠教练指导。我绝不会把我在保险职业上的成功全部归功于自己，我的行动力强，只有在李彦鹏总监给我正确方向、方法的指导下，才能发挥这样的威力，实现这两年的业绩。所以找对教练很重要。

第二是对自己狠一点儿，说干就干，别磨磨蹭蹭的，总是等着明天、后天、下周、下个月。美国作家乔舒亚在畅销书《极简主义》中说："明天永远不会到来，我们只有今天。"2021 年 2 月初，我决定把我给客户做保障规划的经验写成一本保险科普书，叫作《保险应该这样买》。到 2 月底已经写了 8 万字，4 月初写完全稿共计 16 万字，6 月已经反复打磨了几遍，向出版社交稿。10 月份出版，开始在当当、京东等线上平台销售。从想法变成实物，前后 8 个月时间。如果当时我决定等下个月再写，出版时间就要延迟 1 个月。如果我等下半年再写，2021 年根本不可能出版。如果我等"经验更丰富些"再写，可能永远都没有这本书。

在行动力上有问题的人分两种：一种是真懒，对自己不够狠，干一天活儿要歇两天，这种就不要做保险了，找个大锅饭企业是更好的选择。另一种是过于"完美主义"，美国作家乔恩·阿卡夫在畅销书《要搞定，不要完美》中管这叫"高尚障碍"，在挑选到最好的运动项目之前不能锻炼，在读完 100 本商业书籍之前不能写书，总之，给开始行动设置了很高的门槛，导致不可能从今天开始。我建议要调整这种心态，把目标设置成"更好"，而不是"最好"。所有今天开始做的事情，都能让明天的自己变得更好。如果今天不开始，离"完美"目标的差距不会自动缩小。

第三才是干活儿快，干得多，干得好。我干活儿快的原因主要是专注度很高，从小时候就这样。只要我坐下来读书，常常三四个小时一动不动，哪怕我妈跟邻居大婶儿就在旁边聊天，都不影响我做几何题。后来年纪大了，加上在银行工作时做行政支持性工作，专注度比以前大幅下降。但做保险之后，我很注重保护注意力，现在，别人在旁边说话影响我工作，我就带上耳塞，或者找安静的地方工作。常常分心想看手机，就把手机放在够不到的地方。心情低落会导致注意力不集中，就注意处事方式，避免因为无谓的争执搞坏心情。总之，回避一切对专注度有影响的事儿。或许你会说："即便我尝试了这些办法，还是集中不了注意力。"我的答案是：继续尝试，继续努力，要不了多久，长则一两个月，短则几天，你就会发现你能控制大脑，而不是被大脑控制。

10. 想好什么时间转型了吗？

给你几句忠告：

除非你知道做保险第一年、第二年、第三年分别能赚到多少钱，签下多少个客户，否则不要加入保险行业。

除非你知道写多少篇自媒体文章能够吸引到客户，否则不要开始做自媒体。

除非你学会了全部的保险知识和销售技能，否则不要去见客户。

以上都是逗你玩儿的，但很多人就是这么想的。很可惜，没有人能在开始前准备得足够好。即便自己认为准备得足够好了，世界也可能会发生变化，让原本看似充足的准备变得不堪一击。《要搞定，不要完美》中有这样一句话：“有时，你必须跳下悬崖，然后在坠落的过程中长出翅膀。”

我既提倡大家做充足的准备，又反对把准备不足当成不行动的借口。这完全是两码事。比如做保险之前，我卖掉了一套郊区小房子，回笼资金，减轻房贷压力，为做保险初期可能没有收入做准备。我认为这种准备是必要的，它让我不必急功近利，可以从长计议。但当时我想在入职前先确认，我能不能做好保险，做保险多久能达到我原来在银行时的 50 万元年薪，这就根本不是在为入行做准备，而是在给行动设置障碍。除了我们自己正确行动、大力行动，没有人能帮我们把这些不确定变成确定。

2019 年 5 月，我读了一本改变命运的书——《如何掌控你的一天 24 小时》，反复阅读十几遍。其中，下面这段话给了我最简单、最直接的刺激，6 月份我就向银行领导提出了辞职申请。

有一个人可能想去麦加，他的意识告诉自己：“应当去！”于是，他动身前往了。一路上，他或许有旅行社帮忙，或许毫无援助；或许他永远也到不了麦加；或许他在到达赛德岗之前就已经淹死了；或许他在红海沿岸悲惨地结束了自己的生命；他的梦想可能将永远成为泡影。

这种可能无法达成愿望的烦恼也许会一直困扰着他。但是，与那些被渴望去麦加的欲望折磨着，却从未离开过布里克斯顿（英国地名）的人相比，他的烦恼肯定要少得多。

人生短短几十年，我已经在这种“离开银行，试试保险”的欲望中纠结了两年，难道要被折磨到退休不成？即便保险做不好又怎么样？我对自己的人生负责，我宁愿是那个离开布里克斯顿后，在红海沿岸结束生命的人。至少，我是实践过后知道自己不行的人。相比永远被“去麦加”的欲望折磨，我选择冒险出发。于是，我离开了银行。辞职时几度洒泪，为过往的10年感到可惜。但更多的是激动，我终于收拾好行囊，人生中第一次，带着愿望主动出发。

对于如何破除转型做保险的心理障碍，下面有最后两条建议。

第一，你不必做“销售冠军”。有些人总会问：做好保险是不是必须有很强大的人脉资源？是的，人脉资源对于任何销售行业都很重要。但有人脉资源一定就能做好保险吗？比如过去是做理财产品、房产销售的，积累了一大批客户资源，转型做保险一定成功吗？只能说有很大概率，但又不是必然的，要看客户对你的黏性如何。保险行业有不少理财经理、房产经纪人转型过来的，是不是人人都是绩优者？并不是。而且，人脉资源是凭空获得的吗？客户为什么对他有很强的黏性？是因为他在专业、销售技能等内功上有足够的实力。归根到底，还是因为他以前就是学习能力、行动力都很强，又善于分享的人。所以，人脉资源只是结果而已。在任何时点对比结果都是没有意义的，我们应该向前追溯，看过程上的差异。站在今时今日，如果我们在人脉资源上没有优势，下个阶段要做的，就是去学习如何拓展、经营人脉。所以，此时此刻有多少人脉资源不是重点考察的维度，拓展人脉是做保险后必须要学的技能。

其实很多人没意识到，他们在以“世界第一”“销售冠军”的标准要求自己，过分追求完美，这是没必要的。“没有很强大的人脉，就不能做保险。”这样想的人，是在避免失败。他们憧憬一进入保险行业，就做得风生水起、硕果累累，或许有人（那些一开始就带着强大人脉资源和高情商、纯熟销售技能来到保险行业的人）可以做到，但对大部分人来说，这几乎是不可能的。进入一个新行业，面对一份新工作，怎么可能没有学习期和成长期，怎么可能从一开始就顺风顺水呢？

此时此刻，你的人脉资源已经是个确定的数字，接下来要想的就是如何让自己变得更好。现在的工作和保险行业，哪一个能让努力获得更大的成果，能提供更大的发展空间，就选择哪一个。即便我们身在保险行业，也必须知道每个人都有自己的优势，而业绩上的第一只有一个人。追求卓越，并不意味着必须追求第一。“越来越好”才是最有价值的目标。

第二，打脸没关系。怕打脸，恐怕是很多人成不了事儿的原因。我写第一本书《保险应该这样买》之前，也有过丰富的心理活动：我只是一个入行不到两年的保险业务员，写这样一本专业普及书，出版社愿意接吗？上市后有人买吗？如果无人问津岂不是很丢脸？别人会不会在背后说三道四，笑话我不自量力？但我还是决定写出来，因为书的内容肯定是客户需要的，哪怕只影响了一个人，也让这个世界上多了一个正确买保险的人。让那些嘲笑我的人尽情笑吧，对这个世界而言，他们只不过创造了一些笑声，而我是一本书的作者。

加入保险行业之前，我的心理活动就更丰富了：在中国人民大学读书时，我算是学习成绩很好的学生了。毕业时找的工作不差，工作后职业发展也不错。现在却成为一名保险业务员，我的大学同学们知道了会怎么看我？会不会觉得我混得很差？老师们听说了会不会对我很失望？银行的同事们怎么看我？万一做不好保险，会不会有些原本就不喜欢我的人暗地里笑话我，幸灾乐祸？但后来我终于下定决心转型。即便我做得很差，不得不从保险行业转入其他行业，我也是一个尝试过保险行业、挑战过自己的恐惧心理，并且敢于承认失败、从头再来的人。跟我有过同样经历的人是不会嘲笑我的，而那些嘲笑我的人，不过是一群只会待在自己的舒适圈里发出笑声的胆小鬼罢了。

怕打脸的人难有突破，只能原地踏步。有了想法就要敢于尝试，如果失败了，坦然承认某件事自己没做好。尝试多了，总有一些事情能做成。最糟糕的情况莫过于有个目标，但从未为之努力过。如果这种糟糕的情况常常发生，一定会链接糟糕的人生。

勇敢一点，既然对麦加很动心，那就离开布里克斯顿上路吧，人总要为梦想活一次。

11. 做保险，兼职还是全职？

兼职做保险，可能是有些人在实在难以抉择的情况下想出来的“万全之策”。向我咨询做保险的人就有各种各样的想法，比如：想先通过兼职测试一下自己是否能做好，然后再决策；想先在保险工作上赚到和主业差不多的收入时，再转全职。他们认为，这样就能避免辞去稳定工作后又做不好保险，无法回到原来的岗位的尴尬。

2017 年，在遭到家人强烈反对（实际上是我自己无法下定决心辞掉稳定工作）时，我也考虑过做兼职，但只做了两个月就浅尝辄止。没有时间是最大的难题，那时候我在银行的工作非常辛苦，晚上 10 点以后下班是常态，我能腾出来放到保险工作上的时间，只有凌晨早起到出门上班这段时间，再就是周末。

最开始我想的很美好：做保险的时间是每天早上 4 点到 6 点，以及周末一整天，一周下来也有 20 多个小时。可由于平时超负荷工作，到了周末只想蒙头睡大觉，实际上每周放在保险上的时间也就是 8～10 个小时（只相当于每周有一个工作日）而已。坚持了两个月，自我感觉付出了很多，疲惫不堪却没看到什么回报。

其实没回报很正常，因为付出了很多，只是自我感觉而已，一份新工作，一个新领域，每周只花一天时间，两个来月也只是七八天时间，怎么可能见到明显成效呢？而且，当时只能闷头学习，不敢跟周围人说自己做保险了，也就没办法开拓缘故市场（认识的朋友）。在网络上拓客需要输出高质量的内容，并且有足够的数量才行，而每周不足 10 个小时的时间投入，根本连基本的知识学习都完不成，更别说拓客了。当时网络上也来过两个咨询者，但在工作时间不方便沟通，加上自己学艺不精，即便沟通也根本接不住。

现在想起那段时间有点后怕：一是每天睡眠不足 6 个小时，对身体是很大的挑战。幸亏只做了两个月就结束了，否则对自己和家人都是很不负责任的。二是当时条件有限，所以感觉保险很难做，差点丧失了对这个行业的信心。幸好我最后能认清是自己投入不够，导致没有得到正反馈，最终决定卖掉房子，做好足够的经济准备后就全职做保险。

虽然有些同事是先从兼职过渡的，但他们以前的工作确实比较轻松，有大量时间投入在保险工作上。甚至当时也敢大大方方地告诉周围朋友和同事自己兼职做保险，跟全职做保险也没有太大区别。并且，他们也并不是等到保险工作收入超过主业才转型，而是有了信心之后就辞职了。

客户一般对兼职从业者是比较介意的。一位从事互联网行业的客户咨询时跟我说，她对某家保险公司的印象很不好。我问为什么，她说是因为有一位同事在那家公司兼职做保险，这位同事很喜欢推诿工作，能少干点就少干点。她觉得都是为了兼职做保险的缘故，同事才千方百计少做主业工作。而这家保险公司接受同事兼职做保险，也是对其他公司的一种隐形伤害。所以，虽然身边有同事在做保险，但她还是找我做了保障规划。

其实，任何选择最怕的就是“既要……又要……”，什么都要，可能最后什么都得不到。全职做保险尚且需要潜心研究方法，找到更快的成长之路后才能获得成功，更何况无法保证时间、精力投入的兼职呢？

12. 平台选择：保险公司还是保险经纪公司？

转型第一站，我选择的是保险公司。两个月后，我又从保险公司来到明亚保险经纪公司。2019 年 8 月，从银行离职后，我先去了某家保险公司做保险代理人。为什么没在最初就投奔李彦鹏总监，到明亚做保险经纪人呢？说到底，是因为那时候还没抓住做好保险工作的本质。我进这家保险公司，是被一位清华大学硕士、一本书和一个讲座吸引的。

（1）一位清华大学硕士。

带我进入保险公司的引荐人，是一位清华大学硕士，以前在某互联网公司做产品运营。她跟我聊天时，没有表现出保险业务员那种典型的过分热情，平静得就像在翻一本书。她告诉我她所在的保险公司有很多高学历人才，就算清华大学硕士在其中也很普通。很不好意思地说，虽然我想做保险，但是非常害怕跟一些大专生和大妈为伍。她说那家保险公司“高学历人才如云”，我动心了。

在她的安排下，我去参加了一个分享会，3 位资深业务经理分享他们以前的职业经历，为什么做保险，为什么选择这家保险公司，入职后获得了哪些成长，等等。3 位分享老师全部都是名校毕业。接着是一场“交友会”，交友会上有销售总监、主管、引荐人，还有 6 位和我一样来了解情况的嘉宾，每个人轮流介绍自己是谁，为什么来了解保险行业。6 位嘉宾里，有包括我在内的 3 位中国人民大学硕士，1 位北京大学博士。这个分享会和这次交友会，让我下定了加入这家保险公司的决心。

在入职的过程中，我也感受到这家保险公司对高学历人才的渴求。记得大学毕业时，总有一些保险公司以“管培生”名义骗人去面试，但这里不一样，有一套严格的选拔机制。入职前，我经历了 3 次面试，先由销售总监进行初面，再由内勤行政经理进行二面，通过之后，他把我推荐给高级人力资源总监进行集体面试。每一次面试都很正式，其中集体面试要求着正装，否则谢绝入场。这跟我想象的保险公司“如饥似渴”拉人头的情况完全不同，这家公司通过这样一套跟其他行业顶级公司一样严格的面试流程来筛选高素质代理人，这让我心里很踏实。

（2）一本书。

就在这时，一位朋友给我推荐了一本书，就是介绍这家保险公司过往历史的。书中介绍这家公司具有知名品牌，有高大上的办公环境，处处体现出服务于“高层次客户”的形象。从银行辞职转型做保险，我自然希望服务于高层次客户。但我从来没做过销售，白板转型，最担心的就是“卖不出去”。如果公司在品牌塑造上很给力，客户在认识我之前，就已经很认可这家保险公司了，一定会是很好的销售助力，让销售更容易些。高端品牌，高素质同事，高层次客户，如果这些都有了，那做保险跟在其他行业大平台工作没什么太大区别，也可以让我觉得工作很体面。就这样，我的思想包袱放下了。

（3）一场讲座。

入职之前，我去听了一场针对保险新人的“事业说明会”，是这家公司一位高管主讲的。一开场，这位高管就问我们：你对现状满意吗?如果工作是一年经验就可以习得的技能，而你一直重复了 10 年，那么，等到 10 年之后，就不可能获得更好的市场价值，你的价值仍然是一年经验的水平。所以，很多人在 30 岁就卡住了，达到天花板。坐在台下的我热泪盈眶。那一年我 34 岁，中国人民大学硕士毕业，在银行工作了 10 年，大部分时间都是做行政类工作，已经原地踏步 4 年。“选择是方向，努力是速度，选择比努力重要。”我没办法像老师说得这么好，但我也是这么想的。

他问：“你的事业具备这些特质吗? 经济独立，财务自由；提供培训和学习；提升个人能力；有晋升的机会；环游全世界；受人尊重。”这6个事业特质，真的是击中了一个职场发展遇到重大瓶颈、人生走到中年危机的人，和我之前对保险行业的思考不谋而合。保险行业到底值不值得干？这位老师给我提供了非常明确的参考信息，使我深受鼓舞。

老师还详细介绍了公司的培训体系。虽然我也曾去听过李彦鹏总监营业部的课程，很有干货，但毕竟只听过一次，而像这样成体系的培训机制，对我更有吸引力。要知道我在银行工作10年，真正能提升个人水平的培训不超过3次，每次不超过3天。

引荐人还告诉我，对新人有专门的培训，帮助夯实基础知识；每天都有早会，甚至还有早早会，会分享工作心得，讲解产品知识；每周五都有销售建设研讨会，复盘一周的工作。提起保险业务员，我常想到那些拎个包扫街陌拜的人。他们找不到客户时，该有多孤独无助啊？所以，我喜欢这种“有组织归属”的感觉。新人阶段会有很多迷茫，这些培训和交流会让新人走得更坚定、更快速。

其实，当时我有更多理由进入明亚保险经纪公司。第一，是因为我自己家的保险就是通过明亚经纪人配置的，产品线丰富的优势很吸引人，帮我节省了很多保费支出；第二，我是通过李彦鹏总监了解保险这个职业的，对自己能做好保险工作的信心，大部分来自李彦鹏总监和他的组员“走专业路线、不靠资源和天赋”的展业方式，我相信他的模式适用于我，我也能走好。但最终，对品牌助力和同事素质的渴望胜出了。

“有时候，我们依赖别人讲的故事，我们本身也有内在的偏见和信念。可能戴着有色眼镜看待事物，从而做出不准确或错误的判断。”这段话，来自彼得·霍林斯的《思维模型：建立高品质思维的 30 种模型》。有时候，我们得不到完整的信息——在事件背后，总有什么是我们看不见的、听不到的。

两个月后，经历了两个客户的咨询后，我隐约知道了做好保险的底层逻辑，承认这次入职是一次试错。于是我从这家保险公司离开，进入明亚保险经纪公司，选择保险经纪人模式，走一条效率更高的展业路线。

入职后没多久就有客户咨询了。很感谢最早的两位准客户，虽然最后并没有都成交，但让我认清了做好保险工作的关键，及早选择了更适合我的模式。在保险公司工作的这两个月，我认清了 3 件事：第一，品牌固然很重要，但助力不如我想象的大，相比品牌助力，懂市场的销售更强大；第二，培训体系固然很重要，但培训能让人长真本事更重要；第三，同事高素质很重要，但能相互助力更重要。

我做保险后，第一个咨询者是我的闺蜜，她要给老公加保一份重疾险。那时候，我还在新人班，老师刚给讲完重疾险。我立即去见她，给她推荐了当时的拳头产品。见面时，闺蜜给我看了之前在另一家公司买的重疾险合同。其实，新人班并没有教怎么看合同，只是讲了本公司产品的保障特点。所幸 2018 年参加过李彦鹏总监营业部的一次培训，有一节课就是讲怎么看重疾险合同的，做保险后又复习了这个课程，所以能看懂闺蜜手里的这份合同。我一条一条地对着合同告诉她，我推荐给她的产品更好。闺蜜听完我的介绍后说："早知道当时多看看，买你推荐的产品了。我这个要求可能有点过分，你能不能帮我看看，市场上还有没有别的好产品？"我心虚了。我想到了几年前通过李彦鹏总监购买重疾险时，他就帮我对比了很多产品，最后选择了一款性价比很不错的。市面上会不会有比我们这个产品保障更好，保费还低的？如果有，我该怎么给闺蜜推荐？我怀着忐忑的心情，找李彦鹏总监推荐了几款产品，一条一条地对比条款。对比做得越多，心也越来越沉了下去。我们公司的产品在市场上只能算是中规中矩，确实还有很多优势产品保障责任更好，而且保费成本更低。

几经思想斗争，我还是如实跟闺蜜说了我对比的结果，也把某款非常有优势的产品介绍给她，这个产品保障更好，每年保费还便宜 2000 多元。闺蜜问我："这家公司，我没听说过，买它的保险有没有风险？"虽然新人班的老师授课时曾说："小公司的重疾险很难理赔，而且破产倒闭的风险很大，到时候客户只能拿到 90% 的理赔金。"但我根本不信。因为我买保险的时候，李彦鹏总监就已经给我介绍过，我从业后也去查了《中华人民共和国保险法》（以下简称《保险法》）《保险保障基金管理办法》的规定，实际情况是这种重疾险的赔付不仅靠一家保险公司来保障，还有监管和保险法的保障，而且只能理赔 90% 的说法是对保险保障基金管理办法的曲解。我详细讲解后，闺蜜非常感动，又觉得很对不起我。毕竟，他只有购买我们公司的重疾险，才能算是我的业绩。本是想支持我的，现在我花了那么多时间研究，她却更倾向买别的产品。

于是，我建议她买一半我们公司的产品，一半有优势的产品。毕竟，我不了解那家公司的服务怎么样，虽然我们公司的保障责任不算很出色，但至少服务还是很不错的。老师和引荐人都告诉我:“我们公司是千方百计给客户理赔的。”闺蜜听完又摇摆了，让我帮着打听那家公司怎么样，如果公司服务上确实不靠谱，就算保障再好也不能买，就都从我这里买。我又去问了李彦鹏总监，那家公司的重疾险保障更好，保费更低，服务上是不是很一般?李总说，这家公司服务一向很好，是国内最早做“重疾绿通”服务的公司之一，如果买重疾险的客户出险了，会帮助客户挂专家号，安排住院床位，甚至还能报销异地就医交通费，这些都是免费的。当时我所在的保险公司还没有对客户提供“重疾绿通”服务。他把那家公司的理赔年报发给我，跟我们公司一样，小额理赔也很快，百万医疗险还能垫付医疗费用，理赔金额和人数也在逐年增长。怎么看，都不该是一家“惜赔”的公司。

本来闺蜜已经都想要从我这里购买了，现在告诉她这些，估计业绩就泡汤了。但我不告诉她，她肯定也有途径了解到，而且我心里也会不安。我再次如实告诉了她所有信息，她还是决定买保障更好的产品。闺蜜说:“你要是能卖这款产品该多好!”当时，我的心里空落落的，但又觉得自己做得没错。过了几个月，我入职明亚保险经纪公司后，闺蜜还是通过我买了这份保险，这是后话了。

培训不是目的，学到真本事才是。第二位咨询者是一位同学，咨询年金保险。她朋友圈有一位明亚保险经纪公司的经纪人，发布了一款年金保险产品，预定利率是 4.025%，是全市场最高的，而且马上就会停售。本来她已经打算给孩子购买了，某家保险公司的一位代理人朋友却告诉她:“4.025% 只是演示利率，而且这款产品的出品公司是小公司，很不靠谱。”这位同学让我帮她看一看这款产品到底怎么样，值不值得购买。

尴尬的是，我根本看不懂同学发过来的计划书。虽然入职一个多月了，但新人班还没教年金保险。我去请教引荐人姐姐，她给我讲了当时公司在售的年金保险，但我还是看不懂同学发来的那款产品，更不清楚这两款产品哪个好。我不好意思去问李彦鹏总监，就去问以前上李总营业部课程认识的朋友，也就是我现在的主管陈辉煌。他说正好第二天上午他们团队要培训年金险，会讲很多种年金险，包括我问的这款，欢迎我去听一听。我参加了辉煌团队半天的年金险培训，学会了对比不同形态的年金保险。我发现同学发来的这款产品非常好。所谓 4.025%，不是“演示”利率，也不是实际“复利”，而是“预定”利率，利益写在合同里，有保证。我们公司的年金险，是分红型保险，计划书里的分红是“演示”的，合同里明确写了“分红不保证”。即便能达到演示的中档分红，也比同学发来的这款年金保险确定的利益要低。同学计划买总保费 25 万元的年金险，40 年下来总利益会差出 40 多万元。这家公司名气和品牌的确不如我们公司。但要不要劝同学为了我们公司的品牌而放弃总计 40 多万元的利益呢？我做不到。换位思考，如果我自己家买年金险的话，我也不会单纯为了某个品牌而放弃利益。看重品牌本身不就是为了更好地保护自己的利益吗？

我花了很多时间帮这两位朋友进行研究和分析，花了更多时间说服自己“不能为了个人利益而让朋友受损失”。我决定转型做保险时，因为没有销售经验，所以希望公司品牌能够成为销售助力。但当我面对客户时，却不由自主地帮他们计算利益，既不希望朋友出于人情来找我买保险，更不想他们过几年觉得找我买保险是个错误。我多么希望能双赢，能皆大欢喜，但实在找不到双赢的解决方案。和闺蜜的说法很像，同学说：“要是你也能卖这款产品就好了，我就找你买。”说者无心，听者有意。其实，我已经在犹豫要不要离开这家保险公司去明亚保险经纪公司了，倒不是觉得签下这两单业务有多重要，而是李彦鹏总监和陈辉煌主管对整个保险市场的把握能力让我自惭形秽，犹如坐井观天。他们在培训课上拉出来十几款市面上的热销产品“指点江山”，那样子可真是太酷了。

我入职明亚保险经纪公司后才了解到，原来保险中介在西方成熟保险市场中占据主导地位，产销分离模式对保险行业的发展起到了很好的促进作用。在英国，寿险领域中保险中介占比超过 70%，在美国占比超过 90%，中国台湾的保险中介占比也超过 50%。从保险公司转到保险经纪公司时我并不知道，短短两个月时间，我做了两个明智的决策：第一个是从银行转到保险公司，第二个是从保险公司转到保险中介公司。我无意之中已经选择了一条代表未来发展趋势的工作道路。

至于之前我非常在意的高素质同事、组织归属感，这些在“客户利益更优”“自己本事更大”面前，对我做决策的影响力已经微乎其微。更何况我发现：那里并不是我入职前所以为的清华北大高材生云集，新人班里也有不少大专毕业的；有些高学历的人并没有发挥他们的“学霸”特长，反而被公司话术牵着走，甚至连保险合同条款都不愿意深究；所谓的周五复盘，其实就是大家聊聊最近发生了什么事儿，根本不是我想象中大家研究客户案例的样子。后来，我入职明亚保险经纪公司，加入辉煌团队后才发现，同事真的是一水的本科及以上学历，过半是研究生。现在，我的组员大部分是研究生，当然这些也没什么可炫耀的，因为一群高素质人才在一起不是目的，相互助力才是。

13. 团队选择：有优秀的同事吗？

我做保险之前，认为优秀的同事是做好保险的必要条件之一。我知道周围的同事都优秀，也不一定能保证我优秀，但如果周围的同事都是大学生、研究生，相比都是没有任何专业度的“大妈”，一定能让我更优秀。那会儿，我简单粗暴地认为“优秀 = 高学历”。

后来，在某家保险公司工作了两个月，看到有些学历高的人进入保险行业后却不愿意学习研究，李彦鹏总监、陈辉煌主管，他们都是大学本科学历，虽然在保险行业已经很不错了，但算不上高学历，可是他们对保险市场的研究能力，比我在保险公司看到的一些硕士研究生强多了。我就在想这到底是为什么？最后我想明白了，那就是：学历只代表潜藏在身上的学习能力，只有真的发挥了这种能力，才能真正有本事，也就是成为优秀的人。学历再高，每天只背话术，那和大专生有什么区别呢？凭什么以学历出身取人？为什么有些人能持续学习研究，有些人却停止学习了呢？

除了自身因素,我觉得还要看氛围。千万别小看了环境对人的影响，如果你周边的人都不学习，都认为研究很多产品的保险条款、保险法律法规是没有必要的，那你自然也不会太在意。如果你周围的人都在学习，你不学习，你不懂就会被人嘲笑，无法跟别人对话，就算你本来想偷懒，也会被逼得去学习。

所以答案很简单：优秀的同事是刚需。

下面我想举 3 个例子来证明。

第一个例子是我的主管陈辉煌。常有人问：自媒体展业能吸引到客户吗？能养活一个保险业务员吗？我身边就有这样一个活生生的例子。陈辉煌 22 岁大学毕业时就加入了保险行业，他是从南方来北京读书的，亲戚都在南方生活，大学同学都刚毕业，也没什么钱买保险，他 99% 的客户是靠做自媒体吸引来的。要知道，他不是什么网络大 V，是做保险之后才开了一些自媒体平台的账号，从一个网络素人一点一点做起来的。这样的人活生生地摆在你面前，你还会不信吗？如果你身边有这样一个人，你一定会想：我比他差在哪了？他能做成，我怎么可能做不成？所以，我们团队又相继有了很多做自媒体很不错的同事，包括我自己在内。

第二个例子是我自己。有些人不知道刚入职时该怎么跟缘故客户介绍保险。在掌握这些方法之前，我用了简单粗暴但很有效的一招，那就是直接问朋友："你们家的保险配齐了吗？需要重新规划吗？"我入职前 3 个月，靠这个办法签了 10 来个单子。当然，现在我不是特别提倡这个办法，因为被动展业比这样主动拓客更好、更持久，而且具体沟通方式上，我后来学会了客户感受更舒服且更有效的方法。但当时我用这个办法扫除了心理障碍和思想包袱，让我学会了不怕被拒绝。我跟同事分享了这件事之后，至少有两位同事效仿并且跟我反馈：本来有特别重的思想包袱，用了这个办法之后，真的就放下了，而且副产品是"签单签到忙不过来了"。

第三个例子是自习室。写这本书之前，我让助理在北京找一个适合闭关写书的酒店。她觉得酒店太贵了，就给我推荐了一个 24 小时营业的自习室。某个周末我去尝试了一下，发现一个惊人的现象：自习室里几乎坐满了人。为什么说"惊人"呢？因为我周末或者法定节假日加班，一般都是去公司，几乎碰不到人，我就想当然地以为：周末和节假日工作的人很少。可来到自习室我才发现，很多人在自学、备考或者奋笔疾书。虽然我最终没在自习室完成这本书，但去自习室的经历对我来说太宝贵了。在公司加班时，早上 9 点半才开始，晚上七八点回家，中午要去吃顿好的犒劳自己，中间还经常刷刷手机，但依然觉得自己很了不起。而自习室是 24 小时营业的，那些在自习室工作的人，连午饭都是吃口带来的三明治，其他时间都非常专注。如果周末去公司加班，我会被自己感动。而去自习室工作，我觉得自己就是个再普通不过的人而已。

你看，身边有优秀的人，你看到了他们的行为模式和结果，你就想模仿、学习，然后你也就走在了优秀的路上。这就是为什么我们必须靠近优秀的人，为什么选择团队时必须看一看周围同事都是什么样的人。学历当然是一个标准，但并不是全部。他们做什么、取得了什么样的成绩，这才是真正应该关注的。我们选一个优秀的团队，是为了有可模仿的对象，让我们走向更高的目标，而不是为了和一群高学历的人坐在一起扯闲篇。

14. 选择引路人：找到好教练了吗？

“白板”身份来做保险的人，都存在很多恐惧和担忧：我以前从来没做过销售，这种“卖保险”的工作到底适不适合我？我从来没接触过保险，能不能做起来？多久能养活得起自己？多久能达到我原来的收入水平?

我以前在银行做后台工作，2019 年 10 月“白板”入职，没有销售经验，微信好友只有 680 人，当年达成 MDRT，2020 年到 2022 年上半年连续达成三届 TOT，连续入围保险名家，一个很重要的经验是：转型成功和快速进步的一块基石，是有一位好教练——一个比你成功、比你有经验，能够指导你、推动你发展的人。

我每次和保险行业做得好的人交流，都会发现他们都有一个极好的引路人或几个关系密切的学习（或相互学习）榜样。我认识的所有保险大咖都具备强大的信心，有一套适合自己的进步系统，对正在做的事业有崇高信仰，坚信长期做下去一定能成功。即使发现自己有需要改进的地方，也能保持良好的状态。这都是非常好的成功特质。

然而，我更愿意将荣誉颁给一个人——我的教练李彦鹏总监。坦诚地说，自己入职以来取得的成绩，很大程度上要归功于有好的教练。我认为，对于保险新人来说，教练是非常重要的人。想想运动员，为什么即便是奥运冠军都有教练呢？因为教练可以在最短的时间内激发出运动员的潜能。

（1）教练能让你少走弯路。

以我的教练李彦鹏总监为例，我认为他已经掌握了做好保险的秘诀。他就像一个向导，能事先帮我规划要走的路，并且知道路上会遇到哪些困难和挑战。在我前行的过程中能提示和预警，让我免受伤害，少走弯路，更快速、更轻松地实现目标。

（2）教练能缩短你的学习时间。

教练过往有极丰富的经验，并且对过往的经验教训进行了系统化整理。一个优秀的教练甚至可以把他三五年积累起来的经验，让你在一年内学会。我的教练曾不止一次地告诉我:“我以前 3 年走完的路，让你在一年内走完。”就以客户服务这件事为例，他花了几年时间，谈成了很多客户，也丢了很多客户，才总结出一套保险经纪人为客户服务的流程和细节，不仅签单率高，还能让客户愿意帮他做转介绍。而对于一个新人来说，他讲的课程只要花 2 个小时就能听完（当然还需要时间吸收）。

（3）教练能帮你抬头看路。

教练作为局外人，可以不受运动员主观情绪的干扰，站在客观角度，帮助运动员制订训练计划，并在运动员走弯路时及时把他调整到正轨，从而在尽可能短的时间内将运动员的才能激发出来。低头拉车和抬头看路同样重要。但对于保险新人来说，抬头看路是很难的，因为你并不知道这条路的前方在哪里。当你遇到困难时，可能正是突破前的黑暗，如果此时浅尝辄止，就会前功尽弃。但也可能是你跑偏了，一条道走到黑的结果，不过是死到更远一点的地方。怎么办？教练会帮你指出来。

如果不是教练给我信心，在自媒体展业这条路上深耕，我可能早就放弃了——在我每篇文章要花十几个、二十几个小时才能写好时；在我辛辛苦苦写了几千字，阅读量只有几十次，而别人随便写几句话就有几千个赞时。但教练不仅告诉我前路光明，还指出我需要调整的地方，于是我坚持了下来，并且有了很多网络客户。

（4）好教练能帮你设置更高的目标，促使你付出 120% 的努力。

人类的天性就是“及时享乐”。当有一件困难的任务和一件简单的任务摆在面前时，99% 的人会选择简单的。教练能看到你的惰性，并告诫你什么是现阶段更有用的东西。比如，2019 年刚入职定目标时，我的期待是年收入 10 万元，而李彦鹏总监告诉我，你应该奔着更高目标努力。2020 年定目标时，我会很心疼自己，想定个比去年略微高出 10% 左右的目标。他告诉我这个目标太保守了，应该去挑战更高的目标，还告诉我为了完成更高目标应该匹配什么资源，做哪些事情。我知道他的判断是对的，如果按照我自己定的目标，这注定是进步很小的一年。

当我因为某个客户需求过于复杂想放弃的时候，教练会告诉我这样的客户应该怎么帮他做需求分析，应该用什么方式进行更好的沟通，告诉我从哪些方面去做准备。我前后花了几天时间才做好准备，当时觉得很累。可回过头看，有这类需求的客户，以后我都可以沟通得很好。

整体来说，与我对自身的期待相比，教练对我的期待更大一些。而且他的期待就像指南针，为我的发展确定方向。教练设好标杆之后，我必须比自己期待的更加努力才行。他通常能推动我实现更高的目标，而这些目标在我看来是实现不了的，但既然他说我可以，那也许是可以的吧？当我按照他的标杆去做之后，目标最终实现了。

“咬下比平时大的一口，然后慢慢嚼”，这是我做保险之后学会的最重要的道理之一。当然，过难的任务会带来过多的痛苦，“贪多嚼不烂”，会适得其反。教练也会根据你的状态和结果帮你调整，引导你做出最佳选择，而不是一上来就给你一个不切实际的目标。

我用 2020 年李彦鹏总监给我做的规划举个例子。2019 年年底，我们设定 2020 年目标时，他希望在业绩上我能达成 TOT，我虽然觉得很困难，但相信他的判断，所以依然以此为目标制订了具体计划。2020 年年初，新冠病毒疫情爆发，很多人甚至失去了工作，保险行业也陷入空前的难关。我作为一个刚入职 4 个月左右的新人，并没有多少客户资源——微信好友也不过 680 人而已，按照日常业绩推算，全年能完成 40% 都是很难的。于是，他帮我下调了目标——“保 C 追 T”，保证达成 COT，约为 TOT 的一半。如果有余力，再追赶 TOT。

我跟上了他组织的导师在线课程、自媒体训练营课程，在解决拓客和销售两大问题上花了大量时间和精力——执行到位。我终于在 10 月份提前超额实现了 COT 目标。实现目标时，我心里非常高兴，倍感轻松，打算四季度好好歇一歇，做好年终收尾工作，为明年发展奠定基础。此时，李彦鹏总监却跟我说：“你不能歇，你可以用四季度去实现 TOT。”我说：“我不行，这太难了，TOT 大约是 COT 的两倍，我不可能用一个季度的时间完成过去 3 个季度才完成的业绩。”

李总说：“就全年来看，一个季度是 25% 的时间，而你其实已经完成了 TOT 的 60%，差 40%，所以用 25% 的时间做 40% 的业务，难度并不是平时的两倍，而是 1.6 倍。再者，即便你完不成剩下的 40%，只是按照过去三个季度的节奏，完成 25%，距离 TOT 也只剩下 15% 的差距，明年再冲刺 TOT 也会容易得多。”

用 25% 的时间完成 40% 的业绩，这让我看到了希望，觉得这个目标也没有那么难了。于是，我按照他指导的工作计划，拼命地写文章、见客户。他说：“老天爷会帮助那些努力的人，你去努力吧。”时间过去 1 个月时，我只完成了不到 10%。这时，有一位高净值客户咨询养老金保险，一单的业绩就能差不多帮我实现 TOT 了。当时我非常激动，进行了长达一周的精心准备，但最后没能成交，非常失落。李总说：“你不靠这一单也能达成 TOT。”时间过去了两个月，我只完成了不到 20%，差距越拉越大，心想肯定完不成了。但我不能放弃，保持住了工作节奏。很快，因为重疾险新规即将落地，咨询重疾险的客户越来越多，剩下的一个月一下子就超额完成了 TOT 的业绩目标。如果当时没有定下这个目标，靠顺其自然是绝对不可能完成的。

（5）好教练可以帮你认识很多相互学习的榜样。

因为教练的关系，我身边有很多能相互学习的榜样，他们都是非常努力、很少抱怨的人。我和他们交流，在专业上、能量上、工作节奏上都能学到不少东西，而我们之所以相识并能同频，是因为有同一个教练。

（6）好教练把你培养成好教练。

从我刚入行开始，李彦鹏总监就告诫我说：“你要提升输出能力，将来你要带组员的，所以除了学会解决问题，还要学会怎么教别人解决问题。”团队新人培训课程、每周一次的“导师在线”课程，他会鼓励我当老师，因为有了教别人的压力，也促使我进一步提升自己的能力。每一次讲课，都帮我把知识和经验转化为更系统的思想。

辅导组员的过程中遇到疑问，我也会向他请教。比如，如何给组员做规划，如何激发积极性，用什么样的沟通方式能让组员认识到问题并且有意愿解决问题。好教练不仅能带出好运动员，还能带出下一代好教练。只有具备成为好教练的能力，才能在保险行业走得更远。

作为新人，如果你想确保自己在正确的道路上努力，并且在实践中快速进步，找个好教练是非常必要的。任何帮助都无法像一个好教练那样效果之大、见效之快、成功之多。教练，不一定是你的引荐人。我知道有些保险业务员自己可能还比较新，就已经开始带组员了。那么，对于他的组员来说，教练可能是团队主管，也可能是营业部总监。但要有这样一个人辅导你，带你成长。

新人怎么找到一个好教练呢？怎么判断一个人能不能做好教练？我们可以想象下面的情景：假如你有个孩子，一天体育老师找到你，说你的孩子打篮球天赋很高，你一定要给他找个好教练，他可以成为顶级国家队篮球运动员。不考虑费用因素，你对这个教练有什么要求呢？

我的标准如下。

A. 教练是顶级篮球运动员，有丰富的实战经验。

B. 他教过别的孩子，并且培养成了顶级篮球运动员。

C. 他带的别的孩子比较优秀，跟你的孩子是同一段位的。

D. 他有一套成熟的教授方法，知道你的孩子处于什么阶段，下一步应该怎么训练。

E. 他愿意并且有精力在你的孩子身上花时间。

当然，你也可以列出更多。但上面这 5 条是最基本的，能保证你的孩子有正确的方向，并且也是较快的筛选标准。这 5 条简单说可以归结为两点：第一，有货；第二，会教。以下分析结合了我的成长过程以及我们团队的培养体系，有个性，但也有极强的普适性。

①好教练要有货。

你肯定不会找邻居家大哥哥教孩子打篮球吧？他自己都不是优秀的篮球运动员，怎么能教会你的孩子？所以，找好教练首先看他做得如何，当然不能只关注业绩，还要看他的业绩是怎么取得的。如果人家资源丰富，而你没有资源，那么人家那些链接资源、调动资源的方法你也用不上啊。

我决定来保险行业时很在意这一点，因为我没有什么资源——刚入职时朋友圈好友只有 680 人，所以希望教练不仅能告诉我怎么开拓缘故客户市场，还能教我怎么开拓好陌生客户市场。

例子 1：销售。拿我们营业部每周一期的“导师在线”课程来说，每周五晚上 7 点半准时开始，团队伙伴提前把拓客过程中遇到的具体问题提出来。两位导师组团，针对这个问题联合会诊，给出解决思路、方法、实操建议。这两位导师业务能力优秀，业绩至少要达成 MDRT

标准，有丰富的带人经验，能让提问者充分理解、吸收，还能站在更高视角看问题，不仅帮助解决这一个具体问题，还要发现业务方向、发展思路上的根源性问题，并给出切实指导。这是一个教练团，会比单一某位教练综合性更强，但道理相同：没货当不了教练，霸王硬上弓，只会误人误己耽误功夫。

例如，有一次我做导师时，一个小伙伴提问题，是和某位优质客户沟通年金保险时遇到困难。我和另一位导师，用了 13 张思维导图解决这个问题。从细节入手诊断问题，手把手教会同客户沟通的流程、注意的要点、如何处理客户的具体异议。还会再跳出来，讲解优质客户、年金保险沟通中注意的要点。再进一步跳出来，强调这类客户在你长期的发展中应如何服务，后来这位伙伴成功签单了。每一期的“导师在线”课程都是如此，值得反复听，反复消化。

我当时在销售逻辑上突然开窍，就是听了 7～8 节“导师在线”课程后。入职后一点一点学习，向总监、主管、绩优伙伴请教，听“导师在线”课程，自己不断对销售流程进行打磨，逐步细化，才形成了一套闭环体系。从业以来，为了打磨这套流程，我做了 300 多份幕布思维导图，100 多份印象笔记。不同收入、不同年龄、不同家庭结构的客户分别有哪些需求、痛点和异议，每一个痛点和异议如何沟通才能让客户更舒服，什么样的流程更顺畅？2020 年 5 月—6 月，我每天要拿出三四个小时完善思维导图，有些甚至要打印出来，通勤路上反复琢磨。

例子 2: 自媒体，公域引流。我刚入职时，写公众号文章完全不灵，每一句都带有深重的国企公文风。到现在，我算是能稳定更新的号主了，质量上很多读者也反映值得推荐。难道是靠坚持每天写 1000 字感动自己，感动读者？当然不是，“有人指导 + 自己反复练习”才行啊。

李彦鹏总监是我自媒体入门的教练。10 多年前，他零资源入行，靠做互联网展业迅速成长，自媒体方面造诣极深。2021 年 4 月，他开了“保险自媒体特训营”，每周花 4～6 个小时帮我们建立自媒体展业体系。除了参加培训，做很详细的笔记外，我每周还要花无数个小时写一篇公众号文章，一篇知乎回帖，同时按照教练对上周文章和回帖的修改意见，改好上周的文章和回帖。

提纲思维导图、结构、表达、故事、图片、金句，一篇一篇地打磨，争取每一篇都写成特训营最好看的文章。直到四五个月后，才有了系统的写作思路，质量靠得住了。回想参训的那段时间，真的是魔鬼般的训练强度。不是每个人都有勇气、有资格参加这个“自媒体特训营”，但我们这些已经毕业的学员，具备了很好的指导别人写文章的能力——系统、方法、实操。所以，只要组员想做自媒体，并且愿意付出，我就可以提供足够的指导，帮他们修改文章，快速提升写作水平。

其实，现在网络很发达，你可以去网上报名参加写作训练营，但隔行如隔山，针对性毕竟没那么强。如果有一个会做保险自媒体的教练指导，成长速度会快得多。

当然，师傅领进门，修行在个人，要持续突破自己。2021 年，我主动走出舒适圈，写了一本书，录了一堂 35 节的保险科普课。

保险行业要学的东西还有很多，大部分事情你都可以自己解决，但教练可以帮你更快地解决。有些事情你需要有人点拨，好教练的作用会非常明显。上面只是两个例子。

②好教练要会教。

并不是所有好的运动员都能变成好教练。会踢球跟会教人踢球还差一大步——总结出一套可复制的成功方法，并指导别人用这套方法取得成功。

第一，有可复制的成功方法。

这个人要善于总结，能把从业过程中遇到的问题梳理出来，总结下来。别人靠着他总结的这套东西，经过学习、吸收和执行，能获得进步和成功。比如，我的教练李彦鹏总监培养出了明亚保险经纪全国及众多分公司的业绩冠军。在他的指导下，如果我没能做好，那肯定是我自己的原因，要么跟教练交流不够，要么执行不到位。

为了提高新人学习进步的效率，2020 年我们辉煌团队把星火营业部、团队绩优伙伴的成长经验进一步总结、升华，做了一套针对新人的入门和进阶课程。新人小伙伴表示这套线上课程层层深入，非常好用。每周二晚上是新人答疑例会，导师们轮流值班，一对一与新人沟通，解决线上课程学习、客户拓展、业务实操中的具体问题。每周四晚上是新人演练，模拟和客户沟通全过程，十几个人围观，一位导师点评指导。大家都表示，演练过后，新人变“老鸟”。前人总结经验输出，后人学习精华快速成长，这是一个良性循环。

第二，能帮你做好规划。

一个好教练最重要的是能帮你做好规划，并细致指导如何执行。所谓好的“规划”，不单单是你认为自己能做到什么，而是教练经过评估，判断你能做到什么样。人都是有惰性的，从狩猎时代的进化开始，人类大脑的本能就是尽可能减少能量消耗。

好教练可以帮你识别惰性，让你知道你能实现更好的结果，并且告诉你怎么做到。与我们对自身的期待相比，好教练对运动员的期待更高一些。这种期待就像指南针，给你指明发展的方向。

好教练都有教人的时间和意愿。在你咨询入职时，一般会承诺给到你足够的关注。但具体到你入职后如何发展，就要看你是否值得教练花时间了，毕竟这类人的时间价值都很高。你可以从这几个方面评估：你是个自律的人吗？是兼职做保险还是全职做保险？你入职后每天会在保险工作上花多少时间？你的学习能力、执行力如何？这些问题，决定了你的教练是否愿意在你身上花时间。你越努力，你的教练就越愿意带你——除非这个人不懂怎么管理团队。

好教练身边有你学习的榜样。这是我入职前没想过的问题，但入职后发现这一点很重要。做保险前期，对很多习惯了职场朝九晚五生活的人来说，是一件孤独、辛苦的事。好教练的时间价值很高，指导了方向，给出了建议，执行阶段却没办法陪着你。这时候，你需要一些能同频共振、共同努力、值得你学习参考的伙伴和同事。

我所在的辉煌团队全部是本科以上学历，并且很多是名校硕士、博士或双学士，大家三观、眼界一致，能聊到一块儿，更重要的是大家都非常努力。你看我努力，你也有了斗志；我看你做这件事做得很好，我也决定试一试。这样正向的团队氛围，会让你每天沉浸在努力中不感觉辛苦和劳累。

但也不要对教练期待太高。就算国家级名师，也有差学生。再好的教练，也有失败的学员。好教练是必要的，能为你的努力加上杠杆，但是如果你没有付出，教练这个杠杆也就没地儿加持了。教练再好，也不能帮你谈客户、发朋友圈、写文章，具体工作要自己动手做。

有了好教练，相处也是一门学问。好教练喜欢什么样的学生？你怎么做才能让教练对你倾囊相授？如何把教练杠杆发挥到最大价值？这都是需要思考的。在新人期如果能充分发挥教练的作用，就会成长得更快。

第二章

避开误区，顺利度过新人期

大部分人认为焦虑是一种负面情绪，但在保险销售这样的自由职业里，焦虑是值钱的，因为焦虑能刺激行动，行动能带来成功。检验焦虑是否良性的标准，就看你在焦虑时怎么做。

因为缺少对行业基本规律的认知，新人很容易步入一些误区。我总结了这两年自己趟过的“浑水”，观察到身边一些人走过的弯路，可以归结为 13 个误区。其实，这 13 个误区不光是新人期，有些入职挺长时间的业务员也容易出现。但新人期尤为关键，就像孩子上学，小学阶段没有多难的内容，却是养成良好学习习惯的关键期。如果小学阶段没有养成良好的学习习惯，那么就会导致成绩差，上了中学也很难逆袭；反之，如果小学阶段养成了良好的学习习惯，那么即便成绩不拔尖，到了中学也能追上来。

1. 误区一：有捷径不走

这里是起点，那里是终点，现在有两条路：一条是直线，直通目标；一条是岔路，尽头是南墙。你走哪一条？肯定走第一条。但如果现在你看不到终点，根本不知道哪一条是直线，哪一条是岔路呢？如果知道哪一条是捷径，没有人愿意去走岔路。但问题从来都在于你没有经验，以自己当前的能力，根本无法判断哪一条是直线。有一位向导，他去过终点，甚至可能去过很多次，他告诉你 A 是直线，B 是岔路。你会走 A 这条直线吗？别急着回答，我见过很多新人不走直线，这是最可悲的。明明有能力更强、水平更高、经验更丰富的向导，提示了正确路线，仍然有很多人要先去走岔路。为什么？

有思维习惯问题，习惯了刚愎自用；也有可能是缺乏空杯心态，有些人肚子里没什么货，但心已经满了。我刚入职时，跟李彦鹏总监有过一次小小的冲突，从此之后，就时刻警醒自己一定要有空杯心态。

我入职没多久，在学习自媒体写作时，花费一整大时间写了一篇文章。李总找出很多写得不好、需要改进的地方，并给我提了修改建议。而我一直打断他，不承认文章有缺陷，找各种借口不愿修改。究其原因，是我觉得自己是文科出身，在银行干了 10 年文字类工作，文字功底也深得领导和同事赞赏。所以，我觉得自己当然能写出好文章，不愿承认自己在自媒体写作上竟然这么差。

那天，李总说了一句话，让我汗流浃背。他说："今晚的沟通让我很担心，感觉跟我之前认识的你很不一样，之前的印象是你看问题有思考、理性冷静、逻辑性好，今晚的感觉却是急躁、随便。"那天晚上，我失眠了，深刻反思了自己的问题。入职之前，我信誓旦旦，一定要有空杯心态，我信任李总，他经验丰富，我要像小学生一样从零开始跟他学。但落实到实际行动中呢？我明明从没写过自媒体文章，却不肯承认自己的不足。别人都指出问题了，还企图回避，这怎么可能学好呢？

自此之后，我彻底放下执念，即便有时我跟李总看法不一样，我也尽量向他靠拢。因为他比我经验丰富，做出准确判断的概率比我大很多，即便他有些看法或许是错的，那也比我出错的时候少多了。经过两年多的实践证明，我和他确实有很多看法不一致的事情，但最后证明大都他是对的，我是错的。我能快速进步的原因之一，就是在一开始没坚持我的错误看法，而是在他正确思想（但在当时的我看来是错误思想）的指导下去行动，最终得到好结果时，我的思维也跟着升级了。

相比那些先要自己去走一段弯路，走不通再回来走直线的人，我节省了很多时间。所谓捷径，就是让行动比认知水平领先一步。虽然认知水平还不到位，但行动上已经在按照更高的认知水平做了。尽管这个更高的认知水平不是自己的，而是别人的。后来我看了一本书——《臣服实验》，作者从二十几岁开始，就决定放下自我执念，向生命臣服，最后获得了人生、事业上的极大成功。我想，这两年我之所以迅速成长，也可以归功于这两个字——“臣服”，实际上也就是“空杯心态”。

我见过一些跟我当时一样的新人，嘴上说自己有空杯心态，但实际上不管你教他什么，他的第一反应都是抬杠。如果他遇到的恰好是那种很善于辩论，也有很多时间跟他辩论的教练，还比较幸运，教练辩论赢了，他听教练的话，走直线不走弯路。如果他遇到的是我这种不喜欢辩论，也没太多时间跟他争辩的，他就要吃点亏了，很可能要先去碰一下南墙。在我看来，优秀的教练很少有时间和精力去帮一个新人改变心态，变为空杯状态（花大量时间先赢得辩论，再进行辅导和培养）。

有些保险新人急于走出自己的特色路线，生怕被团队、教练的既有模式束缚。团队经过 10 来年经验教训总结出的成长路线他不愿意学，总觉得自己有更容易、效率更高的办法。还有的新人刚一入职，连“最少必要知识”都没学会呢，就想了一大堆点子，今天问这个点子好不好，明天问那个想法妙不妙，自我感觉极好，好像再不实施，就会被别人偷学走了，错失先机一样。

我很理解想要“做自己”的心情，但反对那种“自作聪明”的做法。即便在浸淫多年的领域，我们对某些问题的看法尚且常常是不准确的（最典型的就是投资，有人已经炒股 10 多年了，但还是盆栽韭菜），更何况是进入一个毫无经验的新行业呢？拜托，在你之前已经有上千万人在这个行业打拼过了，其中比你优秀、比你有创意、比你努力的人，不敢说有上百万人，10 万人、1 万人总是有的吧？你想的那些点子申请不了吉尼斯世界纪录。说句不中听的话，还没学会走呢，就别想着飞出一条优美曲线了。

对于新人来说，学习、模仿，这没什么可丢人的，不光不丢人，还是最快的进步手段。小学语文课本中有一篇关于孙中山读书的课文，叫《不懂就要问》，讲的是孙中山小时候在私塾读书，先生只要求学生背书，从来不讲是什么意思。有一天，孙中山没憋住，壮着胆子问先生:“这段话是什么意思呢?”先生拿起戒尺，厉声问他:“你会背了吗?”孙中山把那段话一字不漏地背了出来，先生才收起戒尺，说:“我原想，书中的道理，你们长大了自然会知道的，现在既然你想听，我就讲讲吧。”这篇课文对我影响很深，古人说“熟读唐诗三百首，不会作诗也会吟”，先生之所以要求学生必须先会背诵，就是因为学习和模仿的力量如此强大。

我很喜欢读《红楼梦》，第四十八回“滥情人情误思游艺 慕雅女雅集苦吟诗”中，林黛玉教香菱学写诗是这么说的:“你若真心要学，我这里有《王摩诘全集》，你且把他的五言律读一百首，细心揣摩透熟了，然后再读一二百首老杜的七言律，次再李青莲的七言绝句读一二百首。肚子里先有了这三个人作了底子，然后再把陶渊明、应玚，谢、阮、庾、鲍等人的一看。你又是一个极聪敏伶俐的人，不用一年的工夫，不愁不是诗翁了!”林黛玉说要先读王维、杜甫、李白这 3 位名家的三五百首诗，再读 6 位其他名家的作品，大约一年时间，才能成为诗翁，写出自己的风格。而如果香菱不学习、不模仿，只顾自己闭门造车，某天可能以为自己想了个绝世好句，岂不知只是发明了已经发明过的轮子，前人早有高过百倍的经典诗句了。前人已经铺好的路不走，非要自己走弯路，还自以为聪明伶俐呢。

学习和模仿，会不会让你失去自己的特色，扼杀创新能力?文艺评论家小林秀雄说“模仿是创造之母”，连莫扎特都是先从模仿别人的音乐开始，最终创作出自己的音乐。先有学习、模仿，长了本事再去创造自己的特色。有扎实的内功，创新才有坚实的基础。平安人寿的叶云燕老师是业界知名的前辈，她说她正是因为“听话照做”，才在这个行业里站稳了脚跟，并且直到今天她仍然是一个“听话照做”的人。她说这是一名保险业务员正常的成长法则，也是每一位优秀的业务员应该具备的能力。

另一位行业前辈太平人寿的林雪燕总监，以“亲情、友情、爱情转介绍”这堂课在业内闻名，她能在业绩上取得突破，就源于一次听课，当时她听了夏根娣老师的“保单回执转介绍”课程，深受启发，决定学习复制。她把夏老师的课件整理成文字稿打印出来，放在包里，像“背圣旨”一样用了两周时间背诵下来，之后的半年时间大力实践，件均保费从 3000 元提升到了 1 万元，标准保费增长了两倍。后来，林雪燕总监又对夏老师的方法做了创新，开发出“亲情、友情、爱情转介绍”这套经典方法。

所以，这里强烈建议保险新人先把教练教的基本功学到手，再尝试发展自己的特色，不要做空中楼阁。

2. 误区二：浪费好教练

既然教练的作用很大，那最大程度发挥教练的作用无疑就是最快的成功道路。如果你已经找到了一个优秀的教练，那么你已经迈出了第一步。但是这并不能确保你成功。再好的教练，也不可能把每个学生都培养成冠军。所以对我们来说，第二步就是最大限度地争取教练的注意力。简而言之，就是让教练愿意在你身上花功夫。下面介绍3个“使用”教练最高效的方法。

先说我们不要做什么样的人。教练喜欢帮助什么样的人？假如你是中学数学老师，你最喜欢在什么样的学生身上花时间呢？第一个学生很不尊重你，你刚给他辅导完，他就背后偷偷骂娘；第二个学生上课从来不听讲，讲什么都是白搭；第三个学生上课很认真，但从来不做作业，所以听了很多课，就是考不好；第四个学生，自己不听课，不做作业也就算了，还总是从你身上找原因，总说“如果老师能……我就可以……了”这样的句型；第五个学生上课认真，按时完成作业，甚至还自己额外刷题，考试虽然不是次次满分，但只要你指出他的问题，他总能及时改进，而且很尊重你。

很显然，所有老师都喜欢第五个学生，自然会在他身上花费更多时间。第一个学生人品有问题，正常人应该都不愿意在他身上花时间，任何时候都是做事先做人。我纠结要不要做保险时，李彦鹏总监曾说我大概率能做好保险，因为这个行业能不能做好，从长远来说，一看人品，二看学习和执行能力。当时，我觉得他说的太虚无缥缈，但现在回头来看，其实任何事业拼的都是这几条底层能力。如果一个人人品不好，大家都不喜欢他，都不希望看到他发展得好，那怎么能获得大家的帮助呢？或许一段时间成绩不错，但最终实现的结果一定远低于本该有的高度。

第二个学生根本没有学习态度，花再多时间也没用。工作中我们会发现这样的人真不少，他知道自己有很多不会的内容，但团队培训他永远都没时间参加，教练主动找上门要帮他梳理问题，都要等他打游戏玩够了再说。第三个学生是“嘴炮”型，看上去跟第五个学生一样，每天都背着书包去上学，老师问：“听懂了吗？”就属他声音最大：“听懂了！”实际上，他不过是摆出努力的样子罢了，永远分在气氛组。这样的人也不少，有钱有闲，做保险就图个热闹。第四个学生属于对自己没要求，只对老师有要求，把自己能不能做好的原因，全部归结于老师、团队，再优秀的教练都带不好这样的学生。

再说我们要做什么样的人，自然是老师愿意多花时间的学生。关键是你要有价值，要么教你对他有所助益，要么你立即能产生价值，要么能让他看到你未来的价值，毕竟谁都不想白忙一场。我所说的价值，并不一定是兑换成对他本人实实在在的物质利益，但最起码你要让人知道，你这块石头扔在水里能有个响声。

举个例子，你我素昧平生，但我就是看着你舒服，所以我愿意教给你怎么跟客户沟通年金保险。我滔滔不绝地讲了两个小时，你听完，学会了，过了一个月跟我说："谢谢老师，我现在跟客户聊年金险游刃有余了，签了好几单业务。"虽然你签的业务跟我半毛钱关系都没有，但我听着就是很舒服，你满足了我的成就感需求。如果你左耳朵进，右耳朵出，听完就销声匿迹了。下次见了面，你又来请教我怎么跟客户聊高端医疗险，你觉得我还会搭理你吗?

"利用"好教练的方法有以下 3 个。

（1）多问问题。

我发现有些新人不愿意问问题，就算有解决不了的问题也憋着。我们营业部有个"导师在线"培训，常规流程是两位老师给一位学员解答问题，而且两位老师都是营业部业绩最优秀、带人经验最丰富的前辈。多好的机会呀，问什么答什么，而且是 2 对 1，有些新人却懒于整理自己的问题发过来。只能说：谁问谁受益，不问你就永远都是旁观者。

（2）推着教练指导。

如果教练给了你辅导，千万别束之高阁，赶紧按他教的方法行动起来，检验这个方法效果如何。马上行动，一是你不用的话很快就忘了，二是你行动了才能发现更细节的问题，从而再请教练辅导。这样几个回合下来，你就掌握透彻了。

（3）及时向教练反馈行动和结果。

我平时辅导组员，很希望组员能反馈给我后续行动和效果。在“导师在线”课程里，我们经常看到一些学员反馈，请教之后按照老师的指导去落实，最后成功签单了。给他指导的两位老师跟他一点利益关系都没有，但都会感到很开心。学员自己学了本事，签了单子，挣了钱，老师就有了成就感，感觉很开心，这叫双赢。我们在“导师在线”的培训，并不要求大家反馈辅导后的执行结果，但有些聪明的学员就会在签单后及时反馈，让大家看到他是个值得辅导的人，同时也满足了老师们对成就感的需求，令人印象深刻。有些学员可能有了好结果也默不作声，要么是他认为跟老师的辅导无关，全是自己努力的结果；要么是他思虑不周，不懂得利用及时反馈来撬动更高的人际关系杠杆。

“好风凭借力，送我上青云。”多和教练互动，才能频频借力。

3. 误区三：还没有正确目标，就瞎狂努力

2019 年 10 月，我坐在李彦鹏总监对面，双眉紧锁，面色凝重。“第一年达标 COT，签下 40 个家庭客户”，李总在给我做入职第一年的目标规划。可我现在连第一个客户在哪儿都不知道，要给自己这么大的压力吗？关键是，一个新人，一没销售经验，二没客户资源，可能吗？

转型做保险之前，我很清楚自己“基础弱、底子薄”，所以最初定的是 3 年之内都不会以做多少业务、赚多少钱为目标，到第三年能达到原来在银行的收入水平就可以了。可在李总看来，我第一年就达标 COT 虽然不容易，但也是可以努力拼一下的目标。除了目标，他还帮我制定了具体执行方案，做什么事情、怎么做、做多少，都告诉我了。可我还是很迷茫，做了这些事情真的就能有这样的结果吗？不过，我确实很信任李总，他的认知水平肯定远高于我，所以在我自己定的和他帮我定的目标之间，我相信他定的目标肯定是更合理的。他说我可以，我至少应该试一试，于是我去做了。

3 个月之后，我达成了 MDRT。一年之后，也就是 2020 年 10 月，我达成了 COT，提前实现目标。要说我一点都不“飘”，是不可能的。2020 年 10 月，我意气风发，回顾过去一年，虽然确实很辛苦，但成果颇丰，签下了 50 多个家庭客户，提前 3 个月完成了李总给我规划的全年业绩目标。而且，在自媒体展业上起步顺利。刚入行时，这些根本不敢想象，一篇文章只要四五个小时就能写完，公众号里能有大几十篇文章。

这时候李总又跟我聊四季度的目标规划。那会儿，我觉得自己好不容易提前完成全年目标，想趁着四季度好好休息一下。李总却说：“为什么不尝试冲刺 TOT 呢？”TOT 相当于两倍 COT，也就是说，我要用四季度一个季度的时间，做 2020 年前三季度全部的业绩量。很多人入职好几年也做不到 COT，而我要用一个季度做出来？那时是傍晚

5 点多，我的助理还没下班，听到这么宏伟的目标，吓得赶紧下班溜了。第二天她跟我说：“吓死我了，怎么可能一个季度做出前三个季度所有的业绩呢？我都上不来气儿了。”我也觉得这个目标太难了，但李总的分析又让我觉得有点希望，应该去拼一拼。第二天，在李总的指导下，我把目标转换为四季度要做的事情，联络老客户，自媒体输出，朋友圈输出，等等。虽然我在努力，但毕竟那么短的时间、那么高的业绩目标，不敢奢望真的能够实现。2020 年最后一天，忙到晚上 11 点半，我最终完成了这个目标，真的是在最后一刻才完成的。

为什么一定要设置目标呢？因为没有目标就不知道往何处去。想想田径比赛，如果没有终点引导运动员，那大家各奔东西，跑得再快又有什么用呢？如果你连目标在哪里都不知道，怎么可能把最大潜力发挥出来？我入职 3 个月达成 MDRT，之后两年半连续达成三届 TOT，都是提前设定好目标的结果。如果没有目标，可能连一半的成绩都做不到。目标就像一根线，它牵引着我们持续往前走，虽然最终是否能达到终点取决于很多因素。

我刚入职时可能是比较幸运的，顺利达到了终点。但也不是每次都能顺利到达终点，比如 2020 年直到最后半小时才完成目标，但凡哪个客户投保出现一点问题，目标就完不成了。2021 年我的目标是远高于 TOT 的，最终只做到了 TOT，完成率只有 50% 多一点。但目标依然非常重要，这根线的作用是让我们对自己有更高的要求，而不是顺其自然。

举个例子，如果考试时目标是及格，那就没必要研究难题了，把基础知识学好就行。如果目标是 90 分或更高，就必须研究所有题型，学会所有知识点。职业发展也是一样，定一个 90 分的目标，会让我们更专注地做难而正确的事情。因为有 90 分的目标，就不会在 60 分沾沾自喜，停下脚步。

那么，什么样的目标算是 90 分目标呢？

首先是以完成难度来区分的。如果对你来说轻而易举，那就是 60 分目标。如果需要你全力以赴，那就是 90 分目标。不要定 60 分目标，它会大幅降低你的成长速度。当然，也不要定 120 分目标，它会让你望而生畏，不敢行动。

其次还要结合个人的情况。同一个目标，对我而言是 90 分，对某些更厉害的人而言可能只是 60 分。因为人家过往的积累可能比我好很多，也可能人家的学习能力、输出能力比我强很多。

根据我的经验，定完目标之后会有个消化、接受的过程，不是说今天定了目标，明天就像机器人一样坚定不移地去执行。定目标和执行目标的时候，我们是完全不同的两个角色。定目标的时候，我是老板；执行目标的时候，我是员工。老板总是想让员工全力以赴，调动各种资源实现更好的结果，所以定目标时是积极乐观的。而员工想的总是“钱多，事儿少，离家近”，所以看待老板定的目标总会觉得太高了，容易悲观。定完目标后开始执行，你的角色就要从老板转换成员工，就要站在员工的视角接受目标，从心底里把它当成“必须”调动全部潜力去完成的事儿，一边努力，一边建立起对完成目标的信心。依我的经验，这段认可目标、建立信心的过程差不多需要一两个月。如果你定了一个 90 分的目标，最后却没有实现，那大概率也会完成七八十分，而不会是 60 分，这样明年就有了更好的基础。

我们靠什么完成目标呢？靠行动。想要实现 90 分的目标，必须付出 120 分的努力。而且即便付出 120 分的努力，也不一定能真的完成。但即使没有完成，这份付出也是非常有意义的。第一，虽然没实现 90 分的目标，但拿到了 80 分，比去年的自己进步了；第二，通过付出 120 分的努力，你提升了客户沟通能力，提高了文章写作水平，形成了更高效的工作节奏，总之是长本事了，还积累了更多的客户资源；第三，如果明年目标不变，你距离目标的距离只剩下 10 分，难度降低了。

怎么做才算是付出 120 分的努力？根据 90 分目标算出来要做的事情后，尽量多做 20%。比如，你应该拜访 100 个客户，那你多拜访 20 个；你应该写 100 篇文章，那你多写 20 篇。2021 年四季度，我再次冲刺 TOT，制定的工作计划还没有全部做完，就提前达成了，这是运气，也是过往工作的积累。如果像我一样，只努力到 80 分就达成目标，这自然是好的。而如果努力到了 100 分还没有达成目标，不要急，再多做 20 分，这时仍达不到目标，才是认输的时候。

4. 误区四：凭运气签单，靠人情签单

第一个客户既没有我想象的那么难，也没有我期待的那么容易。

转型之后的第一个咨询，比我想象的来得更早些。我刚办完银行的辞职手续没几天，还在学着看保险产品条款，做产品对比的时候，一位前同事，也是好朋友，就来咨询重疾险。在我纠结要不要转型做保险的那两年时间里，我常常和她倾诉。我最终下定决心转型时，她是不支持的，觉得我做保险是放弃了 10 年银行经验，也浪费了研究生学历。但在我转型之后，她正好想给先生配置重疾险，就说要给我贡献第一单业务。针对她购买重疾险的需求，我特意对比了很多产品，还向主管请教我筛选出来的产品是否合适。后来，因为一些别的原因，直到 3 个月后才成交。所以，她只是我的第一个咨询者，并不是第一个客户。其后，我又接受了几位大学同学、研究生同学、前同事的咨询，我都很认真地对待。每来一个咨询，我都以为很快就能成交，其实都没有立即成交，甚至有的直到现在也没有成交。

而第一个成交的客户，要比我预想的快很多。当时，我发了一条朋友圈，介绍一款保险产品。一位好朋友看到后留言让我给她讲了讲，

讲完就签约了。运气的成分肯定是有的，因为我和这位朋友有 10 来年的交情，她对我的人品、学习研究能力都很信赖，所以在我能把产品讲明白的情况下，她很痛快地签约了。很多新人入职后的第一单也往往是类似的情况，最信任你的人签了最早的一单。

那是不是第一个成交完全靠运气呢？肯定不是，否则在此之前已经处理的好几个咨询，我明明都是很用心对待的，为什么都没有很快成交呢？难道是运气不够好？要知道，成交的这第一单，我也花了很多心思做准备，从如何帮客户梳理需求，到产品细节以及市场其他产品的情况，再到投保操作流程，花了将近两天才全部梳理完。当时，我想的既简单又沉重：绝不能让客户因为选择了我这个新人而在利益上有任何损失。

有人会问："是不是第一个客户都是来自缘故（认识的人）呢？"并不必然。我们团队有很多年轻人，包括我的主管陈辉煌，大学刚毕业就来做保险，哪有什么缘故客户呢？大部分客户都是通过自媒体吸引来的。甚至我天津的同事常霞，刚毕业时进入一家大型保险公司做代理人，她的第一个客户是在大街上发传单拉来的（这种展业方式我并不推荐，后面会解释）。所以，第一个客户从哪里来，没有一定之规，它取决于你的展业方式，特别是刚入行时做了哪些事情。比如你主要是发朋友圈，那第一个客户大概率来自缘故；如果你主要是写自媒体文章，那第一个客户大概率来自网络；如果你每天站在大街上发传单，那第一个客户大概率来自大街上。

不管哪种方式，可以确定的是，第一个客户不太可能像天上掉馅饼一样掉下来，不可能靠守株待兔。最起码你要做一件事，那就是让别人知道你转型做保险了，而且这只是必要不充分条件。现在，整个保险行业有几百万业务员，哪个客户身边都有几个卖保险的，你一个新人，怎么能让客户选择你？最起码你要有我当时的心态：不能让客户因为选择了一个新人而在利益上有任何损失，而且要让客户相信这一点。客户凭什么相信你？凭你过往的处事风格和人品，凭你做保险之后展现出来的专业形象，凭你面见客户之前所做的充分准备。

如果说第一个成交的客户有运气成分在，那么你如何对待第一个客户，决定了你以后是否需要一直靠运气成交。不管朋友多亲近，哪怕他们抱着支持我的心态来找我，我也从来没做过人情单。为了给大学同学配置好家庭保障，我准备了整整一周时间，还做了一个十几页的PPT。为了给前同事讲清楚一款年金保险，我全心准备了两天，研究保险条款，做产品对比，计算内部收益率（Internal Rate of Return，IRR），设计方案。每一位客户都值得你认真对待，就算是亲哥亲姐也理应享受专业服务。如果你想长期在这个行业做下去，就应该把每一位客户的咨询都当成一次磨炼自己的契机。

5. 误区五：为了取悦朋友，连工作都不做了

2019 年，我决定从银行转入保险行业。跟一个好朋友吃饭时，我告诉了他这个决定。当时，他半开玩笑地问我："以后，你是不是就变成那种每天都发好几条朋友圈的保险业务员了？"我涨红了脸，跟他说："发朋友圈卖保险太 LOW 了，我绝对不会发朋友圈的。"其实，很多保险新人都跟我有一样的担心，我做保险了，发朋友圈卖保险，朋友们会不会很反感，甚至屏蔽我？不只是朋友圈恐惧，还有些保险新人羞于和朋友谈保险，也是出于这种恐惧心理，生怕做了保险业务员，就变成朋友中的"过街老鼠"。

刚转型时，我有特别大的心理障碍，觉得自己以前做的是体面工作，如果去找朋友聊保险，被人拒绝了多没面子。但必须克服这种心理障碍。当时我选择了"休克疗法"——大量接受拒绝和鄙视，直到我不再害怕。那会儿，我每天在公司工作到很晚，然后打车回家。从公司到家有 7 公里，半夜时仅仅需要 20 分钟左右就到了。我给自己定的目标是，上车开始跟司机闲聊，然后逐步引向保险，必须在下车之前跟司机说："你应该买份保险，我是卖保险的，可以找我买。"然后，我就问司机是否

能加个微信。如果我习惯了出租车司机的拒绝和鄙视，那么找别人聊保险就不会怕了。现在，我的微信里还存着当时加的出租司机的微信，首汽、滴滴、快车，做了不同标注。后来，我找朋友聊保险时果然没有那么难受了。现在回头想想，其实只是自己有心理障碍罢了，朋友们不见得有那么反感。

那些一听说你卖保险就屏蔽掉你的人，真是你的朋友吗？朋友是指志同道合的人，情意相投的人，彼此有交情的人。如果你有一位朋友是卖衣服的，并且衣服的质量也不错，那么在你需要衣服时，会不会考虑从朋友这里买？你们之间在衣服交易上的商业关系，会不会影响你们之间的友情？你会不会觉得朋友通过卖给你衣服，赚了你的钱，从而让你心生厌恶？大部分人都不会吧。

我们已经不是农业社会了，在商业社会里，最正常的就是商业关系。我们每天都要处理各种各样的商业关系，没有必要非把商业关系跟朋友关系完全隔离开吧？那些成功的企业家，朋友关系和商业关系往往是高度重合的——跟谁关系好、更信任谁，就跟谁做生意，或者说会以挑选朋友的标准去挑选商业伙伴。如果你们是真正的朋友，肯定希望他生意做得好，反正你也需要衣服，并且他的衣服质量也不错，为什么不通过他买呢？同理，你是卖保险的，你的朋友需要保险，如果你们真的是朋友，他找你买不是很正常吗？如果他不是你的朋友，那就只不过是你认识的一个人而已，而且是一个不会在商业关系上优先考虑你的人，对这种关系的人，有必要太担心吗？你就把他当成一个普普通通的潜在客户去经营就好了，既不必为了让他感觉舒服而刻意委屈自己，也不要去找人家强行推销，自毁形象。

撒切尔夫人说："我不需要被人喜欢，我只需要被人尊重。"我们保险业务员因为什么才会被人尊重？业绩好，专业能力强。如果你为了让客户"不讨厌"（不讨厌和喜欢可是完全不同的两个层次）你而回避跟任何人谈及自己的职业和自己销售的产品，最后你既得不到尊重，也得不到喜欢。

通过做保险可以重新定义我们的朋友圈。做保险之前，你们很可能只是情面上的交情，或是工作上不得不接触，或是生活中恰好有机会见面，打个招呼，你好我好大家好，但一听说你去卖保险了，就赶紧避而远之；或者明明知道你去卖保险了，但买保险时压根不向你咨询。这根本就不是卖保险破坏了你们之间的朋友关系，而是你们本来就不是朋友关系。做保险只是让这件事情清晰化了，而不是让这件事恶化了。

比如，一群人在大海里游泳，看上去都挺正常的；海水退潮时，却发现其中一人没穿泳衣，赤裸着身子。是退潮造成他裸泳的境况吗？不是，他本来就没穿衣服。你不该因为做了保险被疏远而感到懊丧，更应该反思，为什么你们之间的关系如此脆弱？有没有什么方法能让你们之间的关系更进一步，让他以后想买保险时把你作为备选之一？

而且，我提前告诉你，做保险还有个新人期暂时体会不到的好处，那就是帮你升级朋友圈子。第一，随着业务开展起来，客户圈会越来越好，你会认识更多比你优秀的人，从他们身上你能学到很多原来不曾接触的东西，从而向他们靠近；第二，随着你的能力和收入增长，你会吸引一大批粉丝，他们佩服你的果敢、自律、成长，从而向你靠近。这是一个螺旋式上升的朋友圈动态，这个动态变化，让你和你的朋友都变得越来越优秀。你的人际关系不再是一成不变，而是开始良性循环，不断升级，给你更多养分，帮助你成长，你将在几年后体会到它带来的快乐。

6. 误区六：嘴炮太响

保险新人很大的一个特点，就是总痴迷于学习很多道理。不管你入职的是普通保险公司，还是和我一样进入保险经纪公司，都会首先参加公司组织的新人班。在新人班，老师们会教给你很多知识、道理，这些都是行业前辈经过无数实践总结出来的。但让我感受颇深的是，有些人的保险职业生涯，最巅峰的阶段就是在新人班，新人班学习时表现很好，之后就再也看不到他的成绩。学道理、喊口号的时候就数他们最大声，新人班结束后仿佛修成了正果，解脱了。这是一种很浮躁的心态，不肯俯下身做事情。

在进入明亚保险经纪公司之前，我曾经入职某家保险公司，觉得新人班老师有个很耽误新人的做法，就是过分“捧着”学员。比如说，老师会刻意夸奖你是中国人民大学硕士、银行主管、过往年薪 50 万元等，让你觉得自己非常优秀，却没有警示学员从零开始的难处，我们来到了一个新的行业，必须有足够的空杯心态，连最简单的行业规律还没掌握，必须从最基础的知识开始学习。对新人的“捧杀”非常危险，有些人会理所当然地认为：我都那么优秀了，这些简单的东西还需要学习吗？那么简单的事情还要做吗？心态上很浮躁，进步速度就慢得多。这绝不是危言耸听，故弄玄虚，去看看有多少保险业务员明明都做了好几年保险，却连最基础的《保险法》条款，偿付能力监管规则，甚至本公司保险产品条款细节都搞不清楚，还一直梦想着签大单。

下面是我对保险新人提的 3 点建议。

（1）放下姿态去学习。

忘掉自己曾在之前行业中取得的成绩。进入保险行业后，把自己当成一年级小学生，从最简单的阅读合同条款开始，从学习“恶性肿瘤”的定义开始，从读一本如何发朋友圈的图书开始。这些东西看起来简单、基础，却是你过去从未接触过的知识，值得你花上大半天的时间去学习。我刚入行时，曾经花了两天时间，只是研究行业规范里规定的 6 种必保重大疾病的定义、预后、治疗方法、治疗费用。在新人班的半个月里，我利用通勤时间背诵这 6 种重大疾病的定义。不要“大概齐”，不要糊弄自己，糊弄客户，再小的细节，只要你不懂，就应该学习。更不要觉得丢脸，30 多岁、40 多岁，年龄不是不学习的理由。看不懂保险合同条款，照样应该向 20 多岁的人请教，只要不懂就应该学习。学习基础知识不会被嘲笑，做保险好几年却不懂基础知识，才会被人嘲笑。

（2）放下身段去做事。

2020 年年初，李彦鹏总监开了一期自媒体训练营，他对学员有严格筛选，只留下能坚持行动的人。训练营大约持续半年时间，最开始每个学员都很痛苦。“训练营”跟“写作课”的不同在于，不只是讲写作方法，你必须亲自写、大量写，去运用、体会这些方法。写完之后还要让老师、同学点评，容不得有一点点糊弄。写的文章多了，才可能掌握写作方法。每一期训练营都有一部分人中途放弃了，也有一部分人坚持到了最后。中途放弃的人，未必讲不出一些写作的基本方法。但坚持到最后的人，才是领悟、掌握和验证了方法，并且依靠自媒体吸引到客户，最终提升了业绩。

（3）放下骄傲去服务。

我决定转型做保险时，好朋友说：“你能干好吗？卖保险要求人、伺候人的。”中国人官本位思想太重，总觉得“伺候人”的工作下贱。可商业文明发展到高级阶段，就是服务行业崛起。干好服务行业最根本的是要有一颗服务客户的心。如果总抱着保险行业是“伺候人”的这种抵触心态，是不可能做好保险顾问的。保险服务是一种无形商品，我们是这种商品的创造者，靠卖出这种商品赚钱。另外，正是因为很多人不愿意干，我们愿意干的人才能有更大的收获。

有些好朋友、前同事找我买保险，服务过程中他们甚至挺不好意思地说：“咱们都是朋友，不要这么客气。”其实，我并不是刻意客气，而是他们作为客户，理应享受周到的服务。如果我没做到，就该给客户道歉。

但是，我并不是一开始就有这种思想的。起初我也有点放不下身段，甚至连帮客户梳理体检报告中的问题，都觉得自己有点“低端”，怎么一个中国人民大学的硕士，要做这样的工作呢？可是当我发现我根本看不懂某一个体检项目异常对客户的身体意味着什么，对投保重疾险又有什么样的影响时，我脸红了。有些客户体检之后压根没有细看报告，颈动脉已经有斑块了尚不自知，体检医生也没建议复查。我提示他们心脑血管疾病风险时，他们才去医院看病，还吃上了药。此后，我不再觉得帮客户看体检报告是什么低三下四的事儿，它创造的价值不仅限于帮客户投保，转嫁风险，还包括帮助客户改善身体情况。

保险新人，一定要警惕“嘴炮”，要做行动上的王者。

7. 误区七：听完课跟没听差不多

如果完全没有任何保险基础，保险公司或者保险经纪公司的新人班都可以帮大家建立起对保险行业、险种、产品等的基本认知。但只有基本认知是远远不够的，想要和同业拉开差距，还要靠更精准、更有深度的学习，既包括营业部或团队的培训体系，也包括个人在实战中的进一步学习。每个人的学习速度可能有差异，但只要能沉得下心来，建立专业知识体系并不难。

我花了大约 20 天时间，一边上新人班，一边按照团队培训要求，把明亚保险经纪公司的产品体系做了详细的梳理，练就了产品对比基本功。《保险法》及司法解释、《健康保险管理办法》《保险保障基金管理办法》，以及行业协会统一规范等，这些保险相关专业法条和行规，我细细读完一遍也就花了不到一周时间。我所在的辉煌团队，已经把新人培养体系做成了线上标准化课程，对于大部分新人而言，只要踏实学习，都能在两个月的时间内快速掌握专业知识体系，以及基本的销售技巧。

但同样的课程，每个人的吸收效果是不一样的。下面介绍 3 个高效学习和吸收的方法。

（1）重点课程，请做逐字稿听课笔记。

很多人听课，就真的只是听听。如果想把课程内容变成自己的东西，光听是远远不够的，一定要做详细笔记。笔记做得好，不一定学习效果好。但笔记做不好，除非是过目不忘的天才，否则学习效果不会太好。对重点课程，我会做详细的笔记，甚至是逐字稿笔记。李诞在他的《脱口秀工作手册》中有一节，叫作“请写逐字稿”。他说脱口秀新人有个普遍问题就是口头语太多，影响表达效果，最简单的解决办法就是写逐字稿，然后背下来。

我建议保险新人对重点课程做逐字稿笔记，也是类似的道理。我们是新人，不可能从一开始就深刻理解老师讲解的内容，甚至根本不知道哪些是重点。比如，我常常在复盘时发现，老师所讲的重点，比我一开始以为的重点范围要广，而我在第一次、第二次听课时根本意识不到。我们团队有个很重要的原创课程，是李彦鹏总监多年实践经验的总结，我认为这个课至少需要听 10 遍才能彻底消化。有的人是顺其自然，在刚入行时花两个小时听了一遍，在其后的三五年时间里，又通过各种机缘巧合或者迫不得已的机会把剩下的 9 遍补齐了。有的人则是在一开始就花了 20 个小时做逐字稿笔记，背诵吸收。谁的效果好呢？肯定是后者。

我刚入职时，李总提醒我这个课程一定要认真听、反复听，做详细的思维导图笔记，还要发给他看，确保吸收到位。当时，我没太往心里去，觉得自己算是学习能力很强的人，不至于连听个课都需要别人帮忙。但入职几个月后，我发现每一次客户沟通失败的原因，几乎都可以在这个课程里找到答案。这时我才发现，当时自己以为不是重点的部分，其实是重点，而且很重要。所以，我去做了逐字稿笔记，地铁上看，见客户前看，见客户后看，很快就真的内化了。当然，不是什么课程都值得你做逐字稿笔记。我的新人组员，我会告诉他们：哪些课程是重点，需要做逐字稿笔记；哪些课程不需要做笔记，需要写好作业；哪些课程只要一带而过即可。

（2）请背诵关键知识。

2020 年 1 月，我刚入职 3 个多月时，做了近视眼手术，第二天约了个客户要谈孩子的保险方案。但我对术后情况预估不足，术后前几天根本看不清电脑或书上的字，也就意味着我没办法拿着保险方案讲给客户听。你知道我是怎么做的吗？我请客户看着保险方案，凭记忆背诵给她听的。这并不是在炫耀什么，我想说，我们应该对卖给客户的东西足够熟悉。如果没有过目不忘的本事，就应该刻意背诵。

记得 2019 年 12 月，刚入职两个月时，有客户发微信问我保险公司倒闭了怎么办，我给他回复了一条语音，是《保险法》第 92 条。他听后回信息说:“真想不到你随身带着《保险法》。”其实，我当时在路上，并没有带《保险法》，我是背诵的。背诵这些内容，不是为了在客户面前显摆，而是为了让自己对基础知识有基本的感悟。

我高中读的是文科，刚开始在政治、地理课上表现并不好，单科成绩甚至进不了全班前五，不管怎么学，总觉得对文科课程缺少基本的感知，其实就是没入门儿。后来，我决定背诵课本，利用跑早操、午休、睡前的零碎时间全文背诵，老师讲一课，我就背下来一课，不到一个学期，全部入门了，每科成绩都进入前三。很多所谓的难点，是经不住熟读和背诵的，文科类知识尤其如此。高考前，我的复习方式是先默写某一本书的目录，然后对着目录背诵全书。

实际上，保险销售需要的知识体系也是社会科学。如果你觉得自己基础太弱了，那就花点时间背诵吧。背诵会帮你建立起对保险知识的基本感知，后面的学习会容易得多。

（3）请边学边分享。

输出倒逼输入。我们做保险业务，学习不是目的，给客户讲明白才是目的。你学习了重疾险的基本知识，那能不能分享给你的朋友，给他们讲明白呢？有时候，你以为学会了，等你讲给别人听的时候，会发现自己还有很多知识漏洞，或者逻辑上有不通顺的地方。只有你能完整地给别人讲明白，才算是真正学到位了。

最快的学习，是一边学习一边讲课。也许你会说："我没机会讲课呀。"或者说："我的朋友不愿意听我讲重疾险啊。"那你可以在朋友圈输出讲解文案，也可以写成一篇文章发在自媒体平台上，还可以录个音频、视频来讲解。总之，只要你想分享，总会找到办法的。

也有人说："我是一个新人，自己还处于学习阶段，那么多保险行业大咖都在讲课，我讲的内容有人听吗？"要知道，大咖们都是从新人阶段过来的。就算你再稚嫩，至少是花了大量时间在保险知识上的，比身边的普通人懂得要多，那么分享的内容自然就有价值。

如果你真的讲错了，有人给你指出来，这不就是进步的机会吗？别把时间浪费在"要不要做"这个问题上，而要多关注怎么做才更好。

8. 误区八：走两个极端

（1）只学习，不拓客。

新人应该避免的一个极端，是只学习，不拓客。我常听新人说："我还不专业，等我专业了再去找客户。"道理是对的，专业是基础，纵观全行业，很多业务员都是倒在了"不学习""不思考"上，靠着公司教的话术蒙骗客户来拓展业务。但做法是错的，因为如果一个保险业务员以"专业"为唯一追求，痴迷于学习，那是做不好业务的。专业不是全部，把专业转化为客户的"风险转嫁"行为才是目的。很多人是以"学习"为借口，不肯去拓客，因为他恐惧，所以不做真正重要的事情——帮客户转嫁风险，学习成了他的藏身之处、避难之所。正因为学习是一件正确且必须要做的事情，所以一味忙于学习，会成为废掉一名保险业务员最隐蔽的方式。

沉浸在学习中不能自拔，是最浪费时间的。小时候看武打片儿，有哪位主角是只靠在家学习就成为大师、大侠的呢？只有在实战中才能磨炼出大师、大侠。我几乎会对每个刚入职的组员说这样一段话："你千万不要因为来到明亚这样一个倡导专业的平台，就把学习当成主业。

我们做的是帮助客户的工作，你的专业价值只有在帮助客户时才能体现出来，你自己也才能赚到钱。你学习的东西，只有不断经历客户的挑战，才能真正内化。”我为什么入职以后3个月达成MDRT，之后两年半连续达成三届TOT、入围保险名家？因为我不仅学习，不仅追求专业，还有大量的拓客、访客行动。无论是缘故客户还是网络客户，我都花了大量时间和精力去拓展。你要让自己形成一种稳定的节奏，把学习和行动平衡起来。你必须躬身入局，不能沉浸在学习中不可自拔。闷头学习是不行的，保险行业属于大量分享的业务员。

另外，学习不是越多越好，而且新人期应该是越短越好。不知道你身边有没有这样的业务员，他以在朋友圈花式炫耀保险行业的各种培训为主业。这样的人，不是坏，就是笨。因为他在误导人，让人误以为参加培训多就很专业。其实我认为，参加培训多的人未必一定专业。如果一个人的朋友圈里炫耀培训居多，没有提供干货做价值分享，不管你是要买保险，还是想做保险业务员，都最好离他远点。我不止一次听到这样的后悔：四处听了很多课，花了很多钱，最后才发现，如果当初学好、消化了自己团队的培训，很多问题早就解决了，根本不需要到处买课听。

很多保险新人根本不具备辨别课程优劣的能力，即便碰巧这门课是优质的，脱离执行，对业务的促进作用也是有限的。想想武打片里，有多少大师在学艺时，同时学武当派和峨眉派？有多少大师同时拜七八个师傅学艺（金庸小说《射雕英雄传》中的郭靖大侠除外）？学习，并不是越多越好。如果已经是非常优质的课程，针对同一个问题，学好了并执行到位，就足够了。入职后的前两年，是建立“知识主干”的阶段，如果团队的课程足够优质，就要下工夫学习。四处去找更多的培训课，只会占用你的行动时间。随着实战经验增多，团队课程都消化、吸收好了，自己的水平达到了一定高度，可以博采众长，为自己的“知识主干”增加更多枝叶。

你相信吗？如果有一套涵盖“最少必要知识”的课程，你只需要专注学习 20 天，就可以成为客户眼中的专业人士。李笑来在《财富自由之路》中提到“最少必要知识”这一概念，他认为想要掌握某项新技能，一定要在最短的时间内弄清楚都有哪些最少必要知识，只要掌握了这些必要知识，就可以迅速做到“胜过大多数人”，接下来就只剩下执行了。我经常说，保险销售没有多神秘，就是一门技能。按照李笑来的操作方法，我们只要先学会最少必要知识（这在我们团队已经有一套标准化的线上课程，专注的话，花 20 天就可以学完），就可以去见客户，去执行，去反复使用了。不要害怕客户觉得你不专业，有多少客户能沉下心来认真研究 20 天保险？即便有，他学习的内容涵盖了所有“最少必要知识”吗？学完之后，尽快去见客户，去了解市场。即便在客户面前“露怯”了，也没关系，接受客户的“暴击”，你才能知道下一步的学习和改进方向。尽快开始这个尴尬又痛苦的过程，尽快跳进“苦海”中去，你才能早点游到对岸。

大胆去见客户（准客户），失败也没关系。最快的学习方式是边处理客户咨询边学习。有的新人，都已经有准客户向他咨询保险配置问题了，他还在刻意回避，总觉得没准备好，所以不敢见客户。客户是最好的老师，我们学习不就是为了解决客户的问题吗？既然客户都已经提出问题了，我们就应该以客户的问题为中心去学习、去准备，尽快帮客户解决问题，业务员也可以早点签单。这里所说的见客户是个笼统的概念，不仅仅是面见客户，也包括以其他方式为客户解答问题。比如写文章，发朋友圈传播知识，或在知识问答平台帮助网友解答问题。

（2）不学习、不准备，就去见客户。

保险新人应该避免的另一个极端，是不学习、不准备就去见客户。有的保险新人太着急了，客户问他哪个重疾险好？他就赶紧去找客户推销重疾险产品。其实，他还没有学明白自己要推销的产品，对客户的身体情况更是一无所知。客户问他要不要买年金保险？他就兴冲冲地去给客户推荐年金险产品。当客户拿出别的业务员推荐的产品计划书时，他甚至都看不懂。客户简单几个问题问下来，他就露馅了。其结果就是兴高采烈而去，垂头丧气而归。

毛主席说："不打无准备之仗。"每一次见客户，都是对我们个人业务能力的一次考验，作为保险新人，我们本来就没有什么经验，而你又没有做任何准备，怎么能经得起考验呢？李彦鹏总监常跟我们说："见客户，一靠平时积累，二靠临场准备。既要注重平常的学习，又要注重针对某一个客户的具体准备。"我说要大胆去见客户，失败没有关系，不是随随便便地去见客户，而是做好准备去见客户。在经过精心准备的情况下见客户，失败了也没有关系，因为最起码你有了经验，经过复盘可以改进。但如果你只是随便去找客户聊一聊，我敢说聊多少失败多少。就算偶尔能够成交，也只是靠运气。成交不等于成功，对于日后的提升几乎没有什么帮助。

李诞在他的《脱口秀工作手册》中说："如果你的目标是这场一定要炸，那准备就永远是徒劳的。如果你的目标是变成一个越来越强的脱口秀演员，那就请永远都好好准备。"他还说："按照逐字稿讲，失败了，也是有意义的失败，你可以找到调整的方向。"对我们保险业务员来说，这个道理同样适用。只有每一次见客户都好好准备，才能变成越来越棒的保险销售员。做了充足的准备，还是没签单，这是有意义的失败，因为事后你可以复盘，找到问题所在。如果问题的确不在你，那这一次充分准备已经使你具备了更强的能力，下一次准备可以变得轻松。

客户很重要，是我们的衣食父母，但我还是劝你别把时间都花在客户上，做一些专家应该做的事。你的朋友圈里有没有一些保险业务员经常炫耀吃喝玩乐，好像做保险销售只是跟客户见个面就能赚到钱，见客户之外的时间可以尽情享受生活？这绝不是保险销售工作的全部。虽然我们要通过给客户做业务来赚取收入，但练好基本功是服务客户的基础，打造好品牌是吸引更多客户的前提。而训练基本功和打造品牌，跟服务客户并不直接相关，需要单独花时间去做。这就好比跑步运动员不会每天都在跑步，羽毛球运动员不会一直都在打羽毛球，他们都会花大量时间练习体能，训练力量。既然我们要做保险顾问，想吃"专业”这碗饭，就不要把时间都花在客户身上，做一些专家应该做的事情——系统地学习、研究和输出。

你的专家形象越突出，客户对你越信赖，与客户沟通的难度就越小。日本作家胜间和代的《时间投资法》中，把为客户服务以获取报酬的时间称为“消费的时间”，而在学习、钻研技术上所花的时间称为“投资的时间”，是否能好好利用“投资的时间”，将会极大地影响“消费的时间”的生产效率。不积极“投资”，会导致工作能力下降，结果就需要花更多的时间在“消费”上。保险顾问多花一些时间在学习研究上，增强内功，打造好专家品牌，客户服务效率会更高，在客户身上所花的时间会减少，投资在自己身上的时间会增加，从而形成良性循环。

具体应该是什么样的分配比例呢？胜间和代说，一般人每天花在“消费”上的时间占60%，而“投资”上的时间只有5%，应该尽量把“投资”的时间提升到30%，“消费”的时间减少到50%。我现在的工作节奏，每天上午至少会抽出3个小时用来学习或是创作输出，下午和晚上的时间用来为客户服务。

是什么阻碍了我们做专家该做的事？

第一个阻碍是分散的注意力。

我刚入行的前3个月，觉得及时回复客户消息非常重要，所以我在电脑上挂着微信，每隔几分钟就查看一次消息，生怕错过，给客户造成服务不及时的印象。现在我很少在上午处理客户咨询，我用上午的时间来学习、创作和输出。2020年我写了200篇原创文章，2021

年出版了一本 16 万字的保险科普书。与 2019 年随时给客户回复微信的阶段相比，2021 年月均客户咨询量还增长了至少 3 倍。

现在大部分熟悉我的客户都知道并尊重我的工作节奏，但我不是骤然从一个随叫随到的业务员转变成上午是“作家”，下午才当顾问的。2020 年 2 月，我开始练习自媒体写作，希望每周写一篇公众号文章。当时我觉得痛苦极了，最开始写文章特别慢，很专注地写，也要长达 10 来个小时。如果我还要不停地刷微信，是根本不可能每周写出一篇文章来的。一边写文章，一边担心是否有客户找我，灾难化思维还警告我：“某个很重要的客户可能问了一个很着急的问题，而你竟然晚了几个小时才回答，客户以后再也不会考虑你了。”我曾经就这个问题请教李彦鹏总监，他建议我写文章之前发一条朋友圈，告诉大家我在写文章，然后关掉手机和电脑端微信，写完文章再打开微信集中回复消息。

后来，我采用的是另一个办法：每隔一小时趁休息时间查看一下微信消息，如果有着急的就尽快处理，并给客户道歉，解释为什么没能在 30 秒之内回复微信，同时提醒客户下次再有如此着急的事情最好打我手机；如果不是很着急，就等到下午再回复，回复时也是先道歉，解释上午在学习和写作。客户们都希望我越来越专业，所以他们对我的工作节奏给予了足够的宽容和支持，甚至有的客户转介绍他们的朋友来找我咨询时，还会特意跟朋友说：“上午尹娜要写文章，所以要等下午才会跟你细聊。”

在这个碎片化的信息时代，只要你睁着眼，就能连续不断地收到各种各样的信息。抖音、快手、小红书视频，微信消息，公众号推送，人们集中注意力的能力被这些社交媒体大幅削弱。毫无疑问，保险业务员是注意力较差的一群人，因为回复客户的微信消息，收集网络素材发朋友圈，都是他们必须要做的工作，于是注意力分散是难以避免的。

其实，绝大多数情况下，客户需要的不是一个随叫随到的保险服务员。正是因为我们没有足够的实力，所以才希望用“及时回复信息”来增强客户黏性。想想那些专家型人物，比如知名医生、律师，客户对他们的主要需求是及时性吗？有多少患者宁愿排队一周、两周等一个知名专家看病，也不愿挂一个 1 小时后就能看上病的普通号。

在《深度工作》一书中，有“低影响力活动”和“高影响力活动”的概念。同样的 1 小时，花在低影响力活动上产生的效果，远不及花在高影响力活动上。对于一个保险业务员来说，及时回复信息肯定有效果，但它产生的影响力，远不及给客户提供更具专业价值的建议。而更高的专业价值，需要专注的学习和研究。

不能及时给客户回复信息，会不会真的产生一些损失？比如，某位客户只想通过微信消息的方式获得及时解答，而我未能满足，下次就去找别的业务员购买保险；或者某位潜在的陌生客户，因为没能及时通过加好友的申请，转而找其他业务员咨询。这些情况都有可能发生，但我相信，相比长期处于浮浅工作状态，不能深入钻研和创作内容而带来的损失，这些都是小事。美国作家蒂莫西·菲利斯在《每周工作 4 小时》中说：“培养允许坏的小事发生的习惯，否则，你将永远发现不了改变命运的大事。”

第二个阻碍来自负面情绪。

负面情绪是对注意力最大的伤害。人在心情不好的时候，心里就像压着一块大石头，很难专注地做事，就像行尸走肉，几乎没有什么创造性。而保险业务员是非常容易产生负面情绪的，因为保险是最难卖的商品之一，并且在中国，对服务行业，特别是保险行业的偏见仍未完全消失。这就导致保险业务员常常接收到一些“负能量”，遭受客户无情拒绝、无理指责时，会气馁、沮丧、伤心，听说客户突然出险时，会因人生无常而怅然若失。

这些负面情绪会极大地侵蚀工作动力，甚至产生一种无意义感。所以，我比较建议上午去做那些专家该做的事儿，因为经过一夜睡眠，上午精力充沛，注意力更容易集中。另外，我也建议采取李笑来所说的“花时间换取注意力的持续”，比如有的客户问题比较多，甚至反复问同样的问题，如果你想签下这个客户，那就多花点时间耐心帮他解答，客户满意了，成交就顺利。如果你没有花足够的时间来处理这些问题，成交过程可能会磕磕绊绊，甚至可能造成签单失败，从而让你产生挫败感。为了避免这种不良情绪，前期你应该多花一些时间去陪伴这个客户，哪怕在你看来有些问题已经解答好几次了。

9. 误区九：不敢发、不会发微信朋友圈

微信朋友圈是一定要发的。如果你想体体面面地做保险，那么持续发好朋友圈就是其中的一条路。用媒老板商学院创始人杨坤龙老师的一句话解释原因："私域流量是商业世界的必争之地。"朋友圈就是私域，如果你连朋友圈都不愿意发，那就慎重选择保险行业吧。不宣传自己生意的生意人是做不好生意的。

刚转入保险行业时，李彦鹏总监在培训中对我们说："如果你们每天能发 5 条朋友圈，业绩会翻倍的。"当时我不明白为什么，但既然李总这么说了，我就去做了。实践到现在已经有两年多了，结果怎么样呢？我刚入行时微信好友只有 680 个，本以为最多一年就会把所有缘故客户（认识的人）签完了，但直到 2021 年，仍有 30 多个缘故客户找我咨询保险（新增），而且他们还把我介绍给他们的朋友。有一位朋友在我入职前希望我不要发朋友圈，但后来我大量发朋友圈，他不仅没有屏蔽我，还从我这里买了不少保险。

朋友圈就是一个客户池，在公域流量越来越贵的今天，有一个免费的私域流量池是非常珍贵的。对于保险新人来说，如果你想开发缘

故客户，就必须要发朋友圈。就算你完全不做缘故客户，也要发朋友圈。像有些年轻同事，他们纯粹靠网络获客，我自己也有 1/3 左右的业务来自网络展业。客户成交不是一锤子买卖，成交之后，我们要像杨坤龙老师说的，“把一生一次的交易变成一生一世的生意”，所以要发朋友圈，持续增强客户信任度，争取客户后续加保或者转介绍。如果把客户池比作鱼池，发朋友圈就是每天投食和换水。

但如果你的朋友圈内容粗制滥造，确实不如不发。卖保险跟卖衣服是不一样的。大家都知道自己需要衣服，但不是所有人都知道自己需要保险。当别人认为自己不需要，而你去强行推销时，双方利益发生冲突，这才是保险业务员被人嫌弃的原因。现在不是物质短缺的时代，没有人喜欢推销。无论找客户一对一推销，还是在朋友圈发产品广告，都不受欢迎。想想如果你每天往鱼池里投喂的不是鱼食，而是石子，鱼当然会避之唯恐不及。

那么，到底发什么样的朋友圈算是合格的呢？发能够增强信任的内容。想一想你会信任什么样的商家、销售员？靠谱的、专业的，归根到底就是能够给你提供价值的，专业价值、服务价值、利益价值都可以。如果客户找你买保险，你能帮他进行科学规划，不让他买一堆没用的产品，这是专业价值。如果客户找你买了保险，你能帮他及时办理理赔，不用他操心，这是服务价值。如果你卖的保险比别人便宜，保障利益还比别人的多，这是利益价值。我们在朋友圈重点展示这些内容，就可以增强客户的信任度。

当然，如果你还能提供一些其他价值，就更是锦上添花了。比如：你风趣幽默，看完你的朋友圈就能开怀一笑；你很励志，做到了常人做不到的事情，就像每天跑步 1 小时、坚持健身 10 年等；你除了保险还懂医学、理财，能给客户提供健康、财富管理方面的干货，那么客户对你的黏性会更强。把朋友圈当成一个电视台，如果你是电视观众，喜欢看哪些节目？是持续不断的广告，还是以养生、法治、新闻、娱乐节目为主，偶尔穿插一些广告？现在你是台长，该怎么安排呢？

有句鸡汤叫作“你若盛开，蝴蝶自来”。把朋友圈当作花园去打理，让花园充满芬芳，而不是杂草遍地，才能吸引到蝴蝶。不要随便把产品链接一发，指望客户啥也不问就咔咔咔地在后台下单。更不要把朋友圈变成火葬场、重症加强护理病房，每天发一些可怕的绝症、车祸、猝死视频来刺激客户找你买保险。曾经有位网络来的客户这么跟我说：“我师姐在某保险公司卖保险，本来我对这家保险公司印象挺好的，跟师姐感情也不错。但她经常发一些水滴筹等悲惨的视频，感受很不好。在知道我有买保险的打算后，她还把朋友圈的内容私信发给我，我就坚决不敢在她那儿买保险了。”这位“师姐”业务员多可悲！因为朋友圈粗制滥造，她的师妹宁可到网络上找一位陌生人咨询也不愿找她。

10. 误区十：盲目攀比

大家可能会不以为然：我连这么简单的道理都不懂吗？但工作中我们常常犯一种错误，就是盲目和别人比。很多同事都说："一看微信群里的大单贺报、营业部业绩排名榜就会焦虑。"实际上，我自己也会。业绩好的时候意气风发，业绩不好的时候，看别人出单就很着急。

其实，以大部分人对努力过程的忽略程度，根本没资格焦虑结果。不是有句鸡汤说"现在你的样子，是 5 年前的自己决定的"吗？所以，现在的结果是过去的努力带来的。当你和别人对比这个季度的业绩时，其实你对比的是一个组合：你们之间过去 5 年（甚至 20 年）的经历不同 + 过去 5 年的业绩差距 + 上个季度的活动量 + 这个季度的活动量 + 客户关系维护方法上的差距……因此在某一个时点和别人对比业绩是没有意义的。我们该焦虑的不是今天的业绩，也不是明天的，而是下个季度的、明年的、后年的。而且无论任何时点，我们都该知道：在努力方面，我不该比任何人差。别人能付出的辛苦，我也能付出；别人用过的好方法，我也能学会。

我最终能下定决心从银行转型来做保险，很大程度上就是因为我看到李彦鹏总监和他的组员们，是通过努力，而不是靠天赋或人脉资源获得了成功。他们能做到的，我也能做到。加上学习他们的方法，他们能成功，我大概率也能成功。

我从事保险行业后的一年多时间里，工作非常辛苦，甚至比原来在银行更辛苦。因为我知道我没有天赋，也没有人脉，只有靠辛苦、靠努力这一条路可走。很多人问我：“有的保险业务员连每周发一篇文章都做不到，而你业务已经很忙了，为什么还能每年输出两三百篇文章？”实际上，我并不是从一开始就能做到的。2020 年 2 月，我刚开始做自媒体展业，发现写一篇文章竟然要 10 来个小时，而且还需要关掉手机，静下心来写。谈业务是需要“动”的，写文章是需要“静”的。我根本做不到两者兼顾，脑子切换不过来。于是，我跟一位做了几年保险的同事吐槽，觉得自己可能不适合自媒体展业。她说：“做解答题，不要做选择题。别人能做到的，你也应该能做到。”这句话极大地激励了我。别人能兼顾，我就能兼顾。如果我现在还不能，那就改进方法，刻意练习，迟早有一天我可以做到。半年之后，每周更新两篇文章对我来说已是游刃有余。看别人能做到，自己做不到，这种焦虑是有价值的。看别人业绩好，自己业绩差，这种焦虑是没有意义的。

在明亚保险经纪公司，我的业绩算是很靠前了，这两年都排在前 20 名里。但我可能是绩优里面最辛苦的人之一，2020 年几乎是全年无休，从早上 7 点干到晚上 11 点是常态；2021 年调整了节奏，每周也只休息一天，法定节假日至少有一半时间在工作。但很多排名比我更靠前的大咖反倒没这么辛苦，他们就是那种业绩比你好，收入比你高，工作时间还比你少很多的人。

我跟人家比是没有意义的，要是学着人家的样子减少工作量，业绩肯定大幅下滑。人家过往的工作经历可能比我牛很多，人脉资源可能比我广很多，销售技能可能比我强很多，所以不需要付出像我这么多努力，就可以获得比我高很多的业绩。而我对销售这件事一窍不通，微信好友只有 680 个人，不努力去挖掘缘故客户，大力拓展网络客户，拼命苦练销售技巧，怎么可能进入前 20 名呢？这公平吗？太公平了！我们之间的差距，可能在上大学时、找工作时、参加工作后就已经拉开了，而现在我能做的，除了拼命努力，弥补自己过去落下的距离，没有更好的办法。我们压根就处在不同的人生阶段，单把此时此刻的结果拿出来作对比，一点意义都没有。这就好比两家公司，一家刚刚创立，一家已经经营了十几年，积累了一大批忠诚客户，把两家公司的利润、股价绝对值拿来作对比，没有什么意义。

如果我们想做好保险，就去努力变成更好的自己，而不是对比更好的别人。因为对比产生焦虑情绪，带来负能量，影响努力的步伐，那就得不偿失了。

11. 误区十一：被焦虑绑住了腿

我入职明亚保险经纪公司之后，3 个月就做到了 MDRT，做了十几个家庭客户，但依然每天被焦虑笼罩。在长达半年多的时间里，我都觉得自己所有的成绩都来源于运气，不知道下个月是否还会有这样的运气，害怕没了运气以后再也找不到客户。后来，我开始带组员，才知道这是新人的正常状态，不管有没有客户，都会焦虑，这来源于对未知的恐惧，永远在发愁下一个客户在哪里。本质上，这种焦虑是因为新人没有把握这个行业的运行规律，不知道怎么做才能有客户、有收入。其实，我刚一入职，李彦鹏总监就把达成 COT 需要做哪些事情，甚至做多少都告诉我了，但我不知道是否真的如他所说，做了这些事情就一定能有预期的结果。这种焦虑只有一种方法可以克服，就是用实际行动去检验。

在保险行业，很多前辈都会跟新人说一定要做好活动量管理，因为活动量决定业绩。什么是活动量？在一般的保险公司，这个活动量可能是指你见了多少客人（准客户）。而在我们团队，除了见客人，还常常指你发了多少朋友圈文案，写了多少自媒体文章，发了多少自媒体视频。为什么那么多人知道这个道理却懒于行动？除了一部分人是真懒，我觉得大部分人还是因为犹豫，不知道这个道理到底是不是真理。万一道理是错的，那我辛辛苦苦干了半天，不是白干了吗？那就干脆啥也不干，也就规避了损失。在我从业的第一年，因为持续做保险科普自媒体，业绩很不错，不少同事加我微信，问我是否真的通过做自媒体吸引到了客户。他们觉得一些自媒体平台早就过了红利期，怀疑“傻傻”地去做是否值得。刚开始时我还非常热心地跟他们分享经验，后来就懒于认真回答了。“做自媒体能吸引到客户”这件事儿，肯定早有人告诉过他们，而且告诉他们这个道理的人一定是比我更资深的前辈，但他们不信，一直没做，所以才需要跑到我这个入职还不到一年的新人这里来求证。即便我告诉他们这个道理是对的，他们依然不信，不去尝试。

这是思维模式问题。有一句鸡汤叫作“因为相信，所以看见”，是很有哲理的。是先相信这个道理，然后去做事儿，通过行动验证道理是正确的，还是先验证它的正确性，才肯去做事儿？我选择前者。既然李总在这个行业经验丰富，值得我信任，虽然他教的方法我不确定是否真的有效，但我就按照他教的方法去做事儿，做上一两年，去验证他的这个方法是否有效。在你付出行动、拿到正反馈结果之前，你是不可能完全验证一个方法是否真有效的，有些“不见兔子不撒鹰”的人，是很难实现思维跃迁的。

大部分人认为焦虑是一种负面情绪，但在保险销售这样的自由职业里，焦虑是值钱的，因为焦虑能刺激行动，行动能带来成功。检验焦虑是否良性的标准，就看你在焦虑时怎么做，是把注意力放在解决问题上，赶紧行动，还是把心思放在情绪上，反复内耗。在博多·舍费尔的《财务自由之路》中有这样一句话："勇气指的不是丝毫不害怕，勇气指的是尽管害怕，但仍然保持前行。"我们无法把焦虑从生活中彻底驱逐出去，但可以带着焦虑实现目标。每实现一个目标，焦虑情绪就会减少一分。当你因为太焦虑而无法行动时，你要想到大部分人会遇到同样的问题，第一反应也是焦虑到不能行动。如果这是一条正确的路，只要你敢于坚持和努力，就领先了80%的人。

在焦虑中行动并不容易，耐心这种美德会很有帮助。春秋时期魏国大臣孔斌曾说："作之不止，乃成君子。"一边行动，一边对行动保持足够的耐心，允许结果不是在明天立即出现，而是迟早会出现。对于我们的业务而言，成功的保障是什么？是大数法则。任何真正的成功，都来自大数法则。比如，写自媒体文章能吸引客户，但某一篇自媒体文章不一定能吸引到客户，可是只要你持续不断、高频率地写自媒体文章，就一定能吸引到客户。再比如跟客户聊保险，你不可能总是成功，因为有的人会听你的意见，有的人不会，甚至有人压根认识不到保险的必要性。所以，纠结某一个客户是否成交是没有意义的。我知道有的保险业务员，一两个客户没谈成，就会说："我身边的人都没有保险意识。"天哪，你的朋友圈有上千人，如果做自媒体，可以接触到上万人、十几万人，却用这一两个人作为代表，真是以偏概全！

如果你跟 200 个客户聊过保险，竟然没有 1 个成交，这才是值得复盘和反思的。所以，放低对某一次行动的期待，提高对持续行动的要求，这才是“耐心”2 字的真正内涵。

如果你真的很焦虑，千万不要蒙上被子睡大觉，也不要去和一些业绩不佳的同伴寻找共鸣，更不要找负能量的朋友聊天释放。你可以和有能量、有持续行动力的人交流，免费蹭一些正能量。很多同事说我是“能量果”，做不下去事情的时候，去我的朋友圈翻一翻，就有了继续努力的动力。我不知道这些是客气的恭维还是真有此功效，因为我自己也会焦虑，有时候也会行动力不足。我采取的办法常常是看一些成功人士的分享或传记，从他们身上获取能量。现在，因为已经取得了一些成绩，掌握了基本规律，我的焦虑情绪比刚入行时减轻了很多。

还可以在焦虑时回顾过去。我现在焦虑时，会想两年前是何等焦虑，而我凭借自己的双手创造了很好的结果，那么今天焦虑的这些难题，也一定可以凭持续行动改善。

找有正能量的朋友聊天，看名人传记和励志电影，还是回顾过去成功的案例，这些对抗焦虑、恢复能量的具体方法并不重要，重要的是你要知道，现在必须要做的是“想办法恢复能量”，而不是坐以待毙，任由能量继续“失血”。

12. 误区十二：工作节奏不稳定

热情是个好东西，它能影响你的工作状态。足够的热情能让你保持较高的工作效率，事半功倍。热情还能影响客户对你的感受，没有人愿意选择一个垂头丧气的倒霉蛋作为自己的保险顾问。热情也能帮你保持昂扬的斗志，愿意去克服和挑战工作中遇到的困难，发挥主观能动性，努力解决问题。

但即便你非常热爱保险行业，视之为兴趣和使命，当作终身事业，在工作中感受到充实和满足，也不太可能时时刻刻保持激情。大部分时候，我对工作是充满热情的。有时候我一天处理四五个客户咨询，其中有两三个还是见面沟通，东奔西走不觉得累，见客户时我会以一种乐观幽默的方式，非常耐心地帮他们梳理需求，分析市场形势，介绍产品方案。但偶尔也会觉得很累，想拖延，明明今天下午有时间，却要跟客户约后天或者下周再聊。一般情况下，我早上五六点起床，两三个小时就能写出四五千字的保险科普文章，并且每天坚持写，甚至一上午写两篇。但偶尔我也会觉得太枯燥，磨磨蹭蹭两三个小时，连提纲都写不出来。

但我们必须有热情，如果此时此刻恰好没有，那就挤出一些来。不要等到有热情了再工作，就好像你不能等有灵感了再写作。如果你今天是否工作取决于是否有热情，那你的工作节奏就会忽起忽落，结果自然也会随之起伏。如果实在提不起工作劲头，你可以规定一个最短的工作时长，一个比平时短很多的工作时长，在这段很短的时间里保持激情，专注工作。对我来说，这个最短的工作时长一般是 4 个小时。4 个小时之外的时间，我可以尽情安排一些能让我提起兴趣的事情，比如刷个肥皂剧，看场电影，做个美容。这 4 个小时很重要，甚至比平时每天工作 8 个小时更重要，因为它保证我有一个稳定的工作节奏。李彦鹏总监跟我们说："不怕慢，就怕站。"这 4 个小时所起的作用，就是让我在缺少激情的时候，只是走得慢一点，但永远不会停下来。

当然，在缺少热情的时候，能够集中精力工作 4 个小时是不容易的。怎么能够保证在这 4 个小时里专注工作呢？做最喜欢、最能增加能量的部分。我把保险工作分为学习、输出、服务三大部分，能量最低的时候，我最喜欢处理服务部分，跟客户聊着聊着，就打开心扉了，能量好像也上去了。如果学习最能让你获得能量，那你可以安排听 4 个小时的课，哪怕只是听课，一句笔记都不做，也算数。如果跟客户沟通能让你获得能量，你可以处理事先约好的客户咨询，也可以找老客户聊聊天，哪怕聊的不是保险，也算数。如果输出内容能让你获得能量，那想写什么就写什么，哪怕没那么多生动的语言、丰富的案例，也算数。总之，这种情况下，就像跑马拉松，只要你还在继续前行，哪怕是走路，也比停下强。干满 4 个小时就下班，找点乐子恢复能量。

这 4 个小时是反人性的，但如果你能熟练地运用它，你就会成为少数持续前进的人。一时比别人落后没关系，迟早会超越。

13. 误区十三：时间利用率太低

现在，我从不看微信工作群里的信息，也不查看工作邮箱。除非我闲来无事，只是想打发时间。我从不把这些作为工作的一部分。当然，这不太公平，因为我有助理，她会帮我留意邮箱里的重要通知。

刚入职的第一个月，我被工作群里的信息整迷糊了。有人发了一条关于"甲状腺癌术后哪家公司能承保"的信息，我觉得日后肯定用得到，赶紧保存下来；过了一会儿，又有人发了一条关于"哪家公司的重疾险能在承保后做保单复议"的信息，我也觉得很有用，学习之后收藏起来；然后又看到一个培训通知……真的够了，如果你愿意趴在群里看信息，这一天下来真够忙的，正事儿一点儿都没干呢。后来，我决定不去学习这些"日后可能用得到"的零碎，只学习系统性知识。零碎信息等到需要的时候再去翻看工作群聊天记录，或者直接在群里提问请教。

工作邮箱也是一样，每天都会收到二十几封邮件，产品上新、产品停售、更改投保规则、感谢信、表扬信、考核日期提醒等，每一条看上去都有用，看完又没有什么获得感。之后，我把邮箱全权交给助理了，如果有重要事项，她会提示我注意。

比起查看这些群发消息，我可以把时间花在更关键的事情上，比如学习、见客户、写作，不让这每天上百条的信息分散我的注意力。发明“二八法则”的理查德·科克说：“宇宙中存在的绝大多数事务——人类的行为和其他一切力量、资源、观念，都没有什么价值，也产生不了什么结果。只有少数事务效果非凡，影响巨大。”过多关注外界信息，会严重侵蚀专注于关键事务的时间。

那么，会不会错过一些重要的通知呢？有可能，但这两年多，我只错过了一条重要信息。2020 年年初，李彦鹏总监打算开一期自媒体特训营，当时我正在探索做自媒体的路径，对我来说可谓“及时雨”。当时，李总和陈辉煌主管分别在两个群里通知了，但我都没看到。后来幸亏李总私下问我为什么不报名，我才没错过。如果真的错过了一些重要通知，肯定会有损失，但相比每天花费一两个小时查看、回复群信息而产生的巨大注意力损失，真是小巫见大巫。如果你每天都花一个小时在工作群和查看邮件上，一周下来，就相当于有一整天时间都在做这些无聊的事儿，虽然看起来也是工作中该有的内容。

不仅如此，我也很少刷朋友圈，虽然我每天都发四五条朋友圈，但我很少去看别人的。平安人寿的叶云燕老师会每天查看客户的朋友圈，并且认真点赞、评论，是非常好的客户经营方式。我很认可，但我还是优先选择保持专注度，把时间更多地花在和客户一对一的沟通上，或者钻研专业上。这就是“舍得”，如果你知道自己要什么，就应该有舍有得。类似地，我也很少刷抖音、小红书、知乎，虽然我在这些平台都在做自媒体，即便是为了做好自媒体去体验或参考别人的作品，也是专门抽出时间去做的，不会频繁登录。

说起来你可能会很震惊，印度的国父、政治家、革命家圣雄·甘地有3年不曾读报纸。因为他发现报纸上的内容没什么价值含量，反而徒增无意义的混乱。政治家都敢精简掉读报纸这种碎片化阅读，我们一个普通保险业务员舍弃掉碎片化信息能有多大损失？碎片化的注意力有很大危害，长期下来甚至会侵蚀大脑保持专注的能力，抢走创造能力。

相比消费别人的作品，我更希望创造出自己的。毕加索说：“没有伟大的孤独，一切严肃的事情都无法做成。”我们必须锻炼自己忍受孤独、无聊的能力，只有这样，创作灵感才有可能光顾。

第三章

全面拓客，获得源源不断的客户流

最神奇的经历，是一位十几年没有联系的高中同学，在一个网络平台看到我的文章，一眼就认出了我，加我微信，让我帮全家人配置保险。

1. 怎么开发缘故客户？

缘故就是做保险时我们已经认识的人。我刚转型做保险时，有前辈提示：一定要做转介绍，要不然等缘故客户签完了就没有单子了。经营好转介绍当然是对的，但做保险两年多了，我依然有新的缘故客户在签单。

对于有一定社会阅历和转型做保险的人来说，缘故是一个很重要的市场。很多保险前辈，包括平安人寿的叶云燕老师在内，都说对于新人来说，缘故是最好做的。但我入行前不打算做缘故客户，因为没有认识多少人，更重要的是觉得太丢脸。而且，我看到明亚保险经纪公司李彦鹏总监营业部里有不少业务员靠网络展业，成交的都是陌生人，觉得自媒体展业不仅心理压力小，还很长本事。所以，我最开始跟李总说："如果我来卖保险，我不打算做熟人客户（那会儿还不知道'缘故'这个说法）。"李总说："当然可以，以你的能力，不做缘故客户也能做好。"

后来，我去某保险公司工作了两个月，对缘故市场开拓没那么抵触了。在那家公司，大家都不做自媒体，都是先从缘故客户入手。如果缘故客户做不好，就只能去大街上陌拜了。人家能做，我为什么不能做？难道非要签陌生客户才算本事？而且，这么多保险业务员都盯着缘故市场，我不做，他们也会做，我不做，客户就找不到我这么专业的保险业务员了（虽然还没开始，可不知道为什么，我就是觉得自己肯定能比别人更专业）。后来，我来到明亚保险经纪公司，李总发现我开始做缘故客户了，也很惊喜。他说："你不要抱着给熟人推销保险的心态，而是抱着分享的心态。你以前连家里洗个空调，都要发朋友圈给朋友们推荐洗空调的师傅，现在如果你认为保险是好东西，为什么不愿意分享给朋友呢？"

这让我放下了思想包袱，勇敢地迈出了第一步。我会跟朋友们说："我做保险了，你家需不需要做个保障规划？"我还会主动问刚生完孩子的朋友："宝宝要不要考虑买保险？我可以帮忙做规划。"当然，更多的还是通过我在朋友圈分享保险理念、保障规划思路，让朋友们有需要时主动来找我。

2021 年，我办理了一起重疾理赔，是为一位老朋友，他当时 30 多岁。我刚入职没多久，主动问一些朋友要不要规划家庭保障，他便是其中之一。当时，他给自己和爱人各买了一份重疾险，刚投保一年多就发生风险，拿到了 70 万元的理赔金。他没想到自己的病已经到了重疾标准。更让我哭笑不得的是，他爱人竟然一直都不相信保险真的能理赔。他不仅拿到了理赔金，还豁免了后续保费，后面还拥有一次重疾保障。他和家人都非常满意，虽然我再三推辞，他们还是坚持要请我吃饭以表示感谢。席间这位朋友说："很感谢你当时主动问我要不要买保险，更感谢你催促我尽快投保，没让我拖延（当时他本想去复查一下身体，再看能不能买到更好的保险产品。我劝他先落实一部分，以免检查发现新问题）。"

这让我更坚定了一定要做好缘故市场的想法。有"保险皇后"之称的刘朝霞前辈说："我为我所销售的产品人寿保险而感到无上光荣和自豪。"通过这次理赔，我也感受到这份工作给我带来的自豪感。既然保险能帮助很多家庭解决生活困难，为什么我不能帮助身边的朋友获得这么好的"风险转嫁工具"呢？假如我不做缘故市场，即便我能完全依靠网络陌生客户做得很好，将来有一天我的朋友发生风险了，我连一分钱理赔金都不能给他们送去，他们不会觉得我很冷漠吗，不会怪我从未提示他们吗？也许我提示了，他们决定不买，最起码我已经尽到了一个"保险业务员朋友"应尽的义务。当然，想办法更好地影响他们，让他们意识到自己需要买保险，这也是我应该做的。

为什么我的缘故客户做了两年多还没做完呢？要知道我刚加入保险行业时，微信通讯录里只有 680 个好友，其中还有很多根本不记得人家是谁了。找我买保险的缘故客户，从一开始最亲密的朋友，到后来不太亲密但共事较多的朋友，再到后来我连人家长什么样子都记不清的人，甚至是以前认识但没加过微信好友的人也来找我。这源源不断的缘故客户，其实来自我做的大量输出，给大家提供了专业价值。大家看到我做得越来越好，增加了他们的信心。既然朋友圈里就有一位很专业、做得很好的保险顾问，过往又曾有过接触，想买保险了，干吗不找她呢？

2. 要不要做陌生拜访？

有一天我在咖啡馆办公，忙碌间隙有个跟我年龄相仿的女孩过来要求加个微信。我以为又是做“体重管理”的微商，就摆手说不方便。没想到她还挺坚持，一再说不会打扰到我，求我加一下。我心里暗自好笑：你不打扰我，加我微信干嘛？就问她是做什么的，她说是健康金融。这下我来了兴趣，健康金融，不会就是保险的艺名吧？我问她：“你是做保险的吗？”她回答说：“不只是保险。”细聊才知道，她是刚入职某家保险公司3个多月的新人，到目前为止只成交了一单，不知道客户在哪里，师父就建议出来做陌生拜访。

时代发展了，但有些保险前辈还在用“想当初”迷惑新人。比如这个女孩，她师父已经做了20多年保险，有了相当不错的客户基础，经常出大单，而且还有个很大的团队，在她们这些新人看来，可以说是耀眼夺目。师父告诉他们：“你们这些新人，赶紧把缘故（认识的人）约出来聊保险。”她去约了，约不到。即便约到了，一聊保险有些人就被吓跑了，还有人说已经买过了，不需要。3 个多月只卖了一单孩子的重疾险，为了保住工号，只能靠自家人买保险撑着。然后师父又说了：“缘故实在约不到了，就去陌拜。”公司楼下十字路口、咖啡馆、商场，哪儿人多去哪儿，去高素质人才聚集的地方。还加上一句：想当初师父我本人就是这么做起来的。我不禁想起周星驰电影里的一句台词“你用明朝的剑斩清朝的官”，这是不是有点不合时宜呀？连 1975 年就开始从业的中国台湾保险大师陈亦纯都说：“现在这个年代，陌生拜访不是不行，但现在的人防备心都很重。”他更建议侧重转介绍，而不是陌生拜访。

陌拜已经是 20 多年前的产物了，那时候手机还叫“大哥大”，电脑还是“386”，去学校机房上网要穿鞋套，高峰期还要排队，跟 QQ 网友要约好晚上几点上线。现在呢？年轻人连买菜都不去菜市场了，吃饭都懒得上饭馆排队。以前那些保险业务员去大街上、写字楼里陌拜，盲打电话，还有人跟你聊几句。现在呢？地铁上常有各种创业人士要求加微信，我观察过，一整个车厢，不是忙于刷手机说没空，就是赶快收起手机闭上眼，写字楼里很多公司在大门上都贴着“谢绝推销”。

我问过一个做教育培训的朋友，他们做地推，一个专业传单人一天能发出去 1000 份传单就算是超级高手了，更何况很多读书人手无缚鸡之力，跑得不如人家快，眼力不如人家好。而且传单发出去不是目的，还得有人愿意看，其中 900 份可能都是无效的。看完还得能来加你微信，这样还能剩下几个人？加了微信的人还是想买保险的，又能剩下几个？想买保险的人跟你聊了聊，没准发现你还不如隔壁卖保险的王大妈，因为王大妈干的时间长了，好歹也比你多听了一些早会，多卖过几个产品。你入职后每天忙于发传单，哪有时间研究专业。

新人期大家或多或少都签了一些缘故客户的单子。我入职 3 个月就做到 MDRT，只有一单是网友购买的，其他都是缘故（当然，我不是简单粗暴地把人家约出来聊保险）。但过了新人期，可能比刚入职时还恐慌：缘故该签的都签了，不能签的也吓跑了，接下来的客户在哪呢？转介绍？貌似没那么快。想来想去，还真就剩下陌拜这条路子了。于是去人多的地方，开始了微笑、发传单、加微信三部曲。这要是下岗大妈做保险，可能除了拉亲戚、发传单，也没什么别的好办法了。如果是大学生，甚至硕士、博士，放着好好的脑子不用，非要用腿挣钱，实在是浪费。为什么保险业务员流失率高？因为找不到客户，找客户太难。在大街上发一天传单，北京这天气不冷吗？这女孩说："冷啊，所以我跑到咖啡馆来了。您是我在咖啡馆加的第一个人，看您挺忙的，一直也找不到机会。"

我说："你知道我在这里做什么吗？从下午两点开始，先是辅导一位组员，然后帮两位陌生客户办理投保手续，又跟另一位陌生客户电话沟通做了需求分析。我也没什么人脉资源，是一名北漂，一直做银行后台工作，刚入职时微信好友不过是 680 人，我也不能只靠缘故签单，也需要拓展新客户。但跟你靠腿、靠脸不同，我靠脑子、靠手。"我给她介绍了我的公众号，并推荐了我写的书。

在这个大家都闷在家里上网的年代，所有商家都在想办法“上线”，保险行业却还有人把 20 年前的经验原封不动、生搬硬套给研究生毕业的新人。大街上、商场里、咖啡馆里人最多？能有多少，一天有几千人就不错了吧，而现在网络上有多少人？ 2021 年的数据，各大网络平台的用户数都是亿级的，微信公众号 12 亿个，抖音 6 亿个，视频号 4 亿个，小红书、B 站 2 亿个，知乎 1 亿个。早在 10 多年前，李彦鹏总监就看到了互联网发展的趋势，在网上分享保障理念、保险配置思路，吸引了大批网络客户，才以一个零资源的北漂身份，在保险行业立足下来。我在做保险之前工作过 10 年，还算有些缘故客户，我们团队有很多年轻人，主要都是靠做自媒体获客生存的。

当你在大街上瑟瑟发抖地发传单时，我们或在研究专业和输出内容，或者在帮陌生人做保障规划。当你陌拜一天受尽冷言恶语、灰心丧气地回家时，我们在公众号发布了一篇保险科普文章，有几百甚至几千个阅读量。当然，做自媒体也不容易，也要下得了苦功夫，坚守长期主义，但相比在咖啡馆四处求人加微信，这是一条能让你成长、积累、收获复利的路。做自媒体，如果写了十几篇、几十篇文章都没有吸引到客户，也是有意义的失败，我们可以复盘、改进，提升写作能力。而你在咖啡馆即便加上了几个人的微信，也是毫无意义的成功，没加上微信被拒绝，是毫无意义的失败，能改进什么呢？加微信话术吗？陌拜能让你获得什么成长呢？除了练就不怕拒绝的厚脸皮。

2021 年年初，我决定写一本保险普及图书，前后大约花了两个月时间。即便这本书写成后无人问津，相比那些在大街上陌拜两个月没有签成一单的人来说，也是有意义的失败。我可以分析原因，改进写作或宣传方式，为下一次写书做铺垫。而且无论如何，我已经是一本图书的作者了，在客户那里有了专家形象。甚至，相比那些在大街上陌拜之后签了一两单的人来说，我的图书即便不能大卖，也是一种成功，因为我梳理、完善了自己的知识体系，学会了怎么深入浅出地讲给别人听，还了解了一本书的基本出版流程。

3. 怎么吸引陌生客户？

对于没有什么人脉资源的人来说，网络拓客是非常重要的渠道。我入职明亚保险经纪公司后第四天，就签下了一位网络陌生客户。这位客户以前也在银行工作，在知乎上看到我对银行职场的一些分享，加了我的微信，我们聊了很多过往的职业经历和对未来的规划。

他看我转型做保险了，就咨询一款养老金年金保险是否值得购买，是邻居推荐给他夫人的。当时我对年金保险还不是特别熟悉，为了帮他做分析，我专门请教了主管，然后连夜准备产品解读和对比，第二天早上醒来，发现怀里还抱着电脑。

第二天，我打电话给他讲解时，他说我讲得特别清楚，而且分析得很全面，问我有没有类似的产品推荐，我就给他推荐了一款利益更好的产品。最后，他让夫人买了邻居推荐的产品，自己在我这里买的。第二位网络陌生客户，也是知乎上的一位银行同业，同样是因为对我写的银行职场分享感兴趣而加的微信。后来，还有陌生的银行同业给我介绍了质量很不错的客户。

但在网络上形成稳定的客户流，是在入职半年后，我的自媒体文章质量开始有了起色，频率也稳定在每周两篇左右。

最开心的经历，是一位手里有两套方案的客户，她之前已经咨询了两位保险顾问，但跟我沟通之后说："本来觉得自己已经了解得很清楚了，再找个人咨询意义不大，但和你沟通后，感觉整个世界都亮了。"最神奇的经历，是一位十几年没有联系的高中同学，在一个网络平台看到我的文章，一眼就认出了我，加我微信，让我帮全家人配置了保险。

最有成就感的经历，是一位高净值客户，身边本来有服务十几年的保险代理人，咨询我时本打算只给自己和孩子做配置，沟通之后连先生的保障也一并配置好。她说："我在知乎上看了几篇你的文章，很专业，也很用心，而且更新频率很高，是个勤奋的青年。"

常有人向我咨询网络拓客的问题，比如他们时常会问：那么多经验丰富的保险业务员经营网络，新人还有机会吗？公众号红利期早已经过去了，做公众号有用吗？应该做文字输出还是做短视频？世上没有绝对的 YES，但是如果你没有做，那么答案肯定是 NO。

至于怎么做好自媒体，这是一个很大的话题，都够单独写一本书的，不是本书要解决的主要问题。我的自媒体输出质量能提升，是因为我参加了李彦鹏总监举办的自媒体特训营，也进行了足够多的刻意练习。我现在给组员的辅导，很重要的一项内容就是自媒体输出，但产生效果的前提是他们的自媒体输出要达到足够的数量。做什么形式、什么平台，都是技术问题，而做不做，怎么做好，这才是根本问题。

4. 怎么让别人给你介绍客户？

所有前辈和老师都告诉我们：老客户转介绍是最好、成本最低的拓客路径。转介绍对我也是非常重要的客户来源，差不多占 1/3。做好转介绍，重点要致力于以下 3 点。

（1）向客户要转介绍。

有一年多的时间，我都羞于启齿向客户要转介绍。我总觉得这是一种无能的表现，会让客户觉得我是不是太缺少客户了，而且我也觉得这样会给客户增加压力。

后来，我克服了这种心理障碍。其实向客户要转介绍，跟开拓缘故客户市场是同样的底层逻辑。第一，如果你认为重疾、意外这些风险会给家庭造成损失，认为保险能帮客户解决问题，那么就应该把风险提示给朋友，就应该把保险介绍给他们。同理，如果客户身边的朋友、亲人都没有保险，并且当朋友和亲人发生风险后，会向这位客户借钱渡过难关，那么仅靠客户一个人买保险，无法完全转嫁风险。所以，我们向客户要转介绍，其实是在帮他转嫁这种被别人借钱的风险。第二，不吆喝生意的生意人做不好生意。如果你是卖服装的，顾客买完衣服，要不要跟他说“欢迎下次光临，欢迎你带朋友来店里逛逛”呢？如果你是卖水果的，顾客买完水果，要不要跟他说“欢迎把我们的水果店介绍给邻居”呢？

说了不一定立即有转介绍，但一定比不说强。有些人天生不喜欢分享或者不善于交流，如果客户正好是这种情况，即便我们说了，他们也不会给我们介绍客户。有些人是天生喜欢分享的，即便我们不说，只要服务到位了，他们可能也会给我们介绍客户。还有一大部分人，是介于两者之间的，也就是说，如果你说了，他就能想起来介绍朋友买保险，如果你没说，他就想不起来。我们索要转介绍，针对的正是这类客户群体。话术并不重要，重点在于让客户知道你需要，让客户知道他可以做。

（2）经营好“转介绍中心”。

这是很多保险前辈都提示过我的一点，一定要经营好“转介绍中心”——经常给你介绍客户的人。有些客户本身可能不一定收入有多高，保费预算有多高，但他们对保险的功用非常认可，并且为人热情，经常介绍身边的朋友或同事来找我买保险，那么我也会把他们当成 VIP

客户去经营。我会对他们的需求第一时间回复，经常见面聊聊天，偶尔送个小礼物表达心意。更重要的是，一定要明确告诉他们，我非常感激他们，因为他们经常给我介绍客户。

（3）经营好自己。

经营好自己有两层含义。第一层，让客户转介绍，最好有一些他能用来介绍你的东西，毕竟现在做保险的人很多。比如，我有公众号，有保险普及书，他们介绍我时不会太费劲，只要把我的公众号转发给他们的朋友，或者告诉朋友我写了一本保险普及书就可以了。第二层，做好业务，做好服务，做好品牌打造，让客户觉得给你转介绍是一件很有面子的事儿，愿意给你介绍。

转介绍不是一种索取，而是一种价值交换，你用自己的专业价值，为中间介绍人提供成就感，为介绍来的客户提供保障方案。所以，最根本的是做好自己。

5. 保险行业属于爱分享的人

在第一章中我提到过：保险行业属于乐于分享的人。过去有种说法叫“桃李无言，下自成蹊”，说的是实至必然名归，只要品德高尚，做事踏实，即使不张扬，也会受到人们的信赖和尊崇。我要说的是“桃李有言，下自成蹊”，两者不矛盾。这里不是说让人张扬，而是说不能偷偷做事，要把你做的事、学到的东西分享出去，分享覆盖的人越多，分享的内容质量越高，收获的客户也就越多，这是保险行业最基本的规律。这个道理看似很简单，但能从中获益的人很少，原因有两点：第一是不动脑子；第二是没有耐心。

不动脑子，是指对分享内容的质量不负责任。“汝之蜜糖，彼之砒霜。”你是保险业务员，你认为保险产品特别好，所以分享出去。但对于客户来说，很可能觉得那都是垃圾广告。所以，我们要对分享的东西过过脑子，尽量分享那些别人认为好的东西。你要想一想，客户认为有价值的信息是什么。

跟保险相关的，我认为是如何正确买保险，应该买哪些保险，以及购买保险有哪些坑。我很少在朋友圈直接发产品广告，大部分都是分享一些理念、技巧，或者注意事项，我写的《保险应该这样买》这本书里，没有任何具体产品介绍，全部都是家庭保障规划思路和方案设计原理。有时候，保险公司升级了免费服务，我会让助理逐一发给买了这家公司保单的客户。这些都是客户需要的。

跟保险无关的，比如工作、生活、投资理财、身体健康等。有时候，看到一些其他行业的分析文章，我会发给相关行业工作的客户，看对他们的工作是否有帮助。有些对理财投资感兴趣的客户，我会把炒股、买基金等方面的好文章、好书或者我学到的知识分享给他们。还会给妈妈们分享教育、娱乐等方面的信息。带我妈去参加防癌体检后，我就把医院、体检项目、价格、体验等发到朋友圈或者私信发给客户。这些都是对大家有价值的。

除了思考分享主题，还要思考内容形式，怎么分享别人才能更感兴趣、看得懂？虽然只有少数人写公众号，做长内容输出，但大部分人都会发朋友圈。我经常看到有人发一些意识流之类的东西，令读者摸不到头脑，或是像流水账，对读者一点参考意义都没有，获得感很差。不管是长内容还是短文案，必须有鲜明的立场、明确的结论，让人读完之后有所收获。

没耐心，是指不愿积累分享数量。我做保险后发的第一条关于年金保险的朋友圈，就吸引了一位好朋友咨询并成交了，这是天大的运气，根本不具备参考意义。我刚开始做自媒体，写了 10 来篇文章，就吸引到了客户咨询，这也是运气，有很大的随机性。而我们做销售，靠的不是运气，而是大数法则。请一定要记住：在随机事件的大量重复中，往往呈现几乎必然的规律。

比如，在扔硬币时，每次都有可能出现正面，也可能出现反面，但如果你扔上 100 次、1000 次、10000 次，出现正面和反面的次数就会接近常数。

美国心理学之父威廉·詹姆斯说："我的第一个自由意志行为就是相信自由意志。"在你开始一项行动之前，第一个任务就是相信这项行动背后的基本规律。大数法则，就是我们做销售的一项基本规律。

做好保险不能靠某一条朋友圈、某一篇文章、某一个客户，我们要靠大数法则。一条朋友圈可能吸引到几位客户咨询，也可能没有任何人咨询，但 100 条朋友圈（如果你每天发 5 条朋友圈，只需要 20 天）能吸引到客户咨询的概率就大幅上升了。跟 1 个客户聊，他可能买保险，也可能不买，但你跟 100 个客户聊，大概率会有人买保险。你分享重疾险的保障理念，分享 1 次，可能有人受影响，也可能没有，但你分享 100 次，接受这个观念的人数就一定上升。

所以，不管做什么，最起码要做够 100 次，给大数法则足够的时间，等它发挥作用。百米赛跑能赢的最基本条件，不是跑多快，而是要跑够 100 米，不能刚出去两步，就返回起点。

《脱胎换骨的人生整理术》的作者袁春楠，主张用“100 次圆梦计划表”来战胜拖延症。我认为这种百次计划非常适合那些没有耐心的人。例如，你想通过写保险普及文章来打造保险专家 IP，先定个 100 篇计划，像袁春楠那样，把一张有 100 个空格的表格打印出来，每写完 1 篇就划掉一个单元格，这能有效防止你刚起步就放弃。我见过很多人写了两三篇文章出来后没有人咨询，就认为这条路走不通，很快就放弃了。

还有人担心自己根本写不到 100 篇就没话可说了，真是杞人忧天。我写的《保险应该这样买》这本书有 16 万字，尚未把保险规划相关内容完全涵盖。我从做保险以来，公众号已输出了 300 余篇文章，最少的两三千字，最多的上万字，仍然在持续更新中。不少做自媒体的大 V 都分享过他们的观点：一定要及时掏空自己，而且掏得越空越好，这样才会促进输入，然后你会有更多内容输出。

6. 怎么让客户再买一张保单？

人们常说保险是低购买频率的商品，实际上，每个家庭都不可能一次购齐。我 2019 年 10 月进入明亚保险经纪公司，当年成交 16 个家庭客户。2020 年复购率 68.75%，也就是说 2019 年成交的客户，2020 年再次购买的家庭有 11 个。2021 年复购率是 45.46%，也就是说 2019 年和 2020 年已成交的 55 个家庭中，有 25 个在 2021 年再次购买了保险。这些数据剔除了医疗保险续保的数据。

业界泰斗、中国台湾的陈亦纯老师 2015 年提出，中国大陆投保率不到 20%，业务员是为第一张保单努力，而在日本投保率高达 600%，他们的营销人员是为第七张保单努力，在中国台湾是为第三张保单努力，在美国是为第四张保单努力。这是 2015 年的数据，经过这 7 年的发展，中国一线城市，比如北京、上海的中产以上家庭，一张保单都没有的家庭不是没有，但比例没那么高了，我没找到准确数据。以我这两年接触的家庭来看，一张保单都没有的中产及以上家庭占比在 3 成以下，所以一线城市的保险销售员，其实已经是在为第二张、第三张保单努力了。这就意味着我们可能面临一个强有力的竞争——客户已经有保险顾问了，还要面临客户认为保费高于预期的压力。

提升客户复购率，不仅要在专业上更胜一筹，还要和客户保持密切关系，让客户加保时就想到你，或者你建议加保时客户能够听得进去。我听过一些营销课程，大家常提一个理念：业绩是果实，和客户之间的关系是树，只有不停地给树浇水、施肥才能收获果实。什么是水和肥？专业价值只是其中之一，只有当客户决定再买份保险时，专业价值才是你手里的牌。而买保险只是一时，更多时候客户是忙工作、忙生活的状态，我们手里的牌就是和客户之间的交流和相互助力。

有不少年纪比我小的客户，在银行和传统国企工作，或是做公务员，他们觉得我能从银行离职进入没有底薪的保险行业非常勇敢，做保险又做得很不错，就经常跟我探讨职业发展问题。我听他们倾诉，给他们出建议和鼓励，甚至帮着打听信息，这都是我能为他们提供的保险之外的价值。2021 年，有 3 位经常跟我讨论职业规划的 90 后客户跳槽到自己心仪的平台，或在单位得到晋升。他们都特意告诉我这个好消息，一起吃饭庆祝时，我还给他们送了庆贺礼物。

李彦鹏总监有一次培训时跟我们说："千万不要做'渣男'，卖完保险就再也不露面了。"我本来不以为意。后来有不少客户告诉我，卖给他们保险的人早已没了联系，这时我才知道，原来真的有"渣男"业务员。

在客户买完保险之后，我会尽快约时间帮他们梳理合同条款，甚至比当初催促他们投保时更积极，就是想给客户"成交之后更尊贵"

的感受。老客户有保全变更、理赔需求时，我和助理会第一时间响应，速度要比初次来咨询保险的客户更快，也是希望老客户知道，我们随时都在他们身边。既然保险是复购率很低的商品，平时也不容易用到，那我们就要抓住客户给我们的每一次交流机会，哪怕只是随意一问。没有机会，也要尽可能创造一些机会跟客户接触，让他们感受到保险顾问的关注，并且能给他们提供一些其他方面的价值。一来二去，大家成为朋友，那么加保时怎么可能去找别人呢？

7. 这样沟通，客户会主动约你吃饭

我常和客户约饭聊天，入职第一年我就发过愿：让我的客户每年都能见到我一次。后来，随着客户越来越多，每位客户每年都见一次确实压力有点大，那也要确保那些优质的、聊得来的客户每年都要见一次。很多网络上的陌生人来咨询保险，我也是能见面聊就尽量见面聊。见客户有很多好处，现在大家都活在网络世界里，见面可以更专注地沟通，增强信任感。如果能一起吃饭，气氛就更轻松了，聊的话题也多了，相互了解得更多，感情也就有了，这就是所谓的“见面三分情”吧。老客户约出来见见，增进感情；新客户约出来见见，增加了解；准客户约出来见见，沟通效果更好。

有些业务员说，客户不愿出来吃饭，不愿见面，约不出来。为什么呢？我分析可能有如下两个原因。

（1）对人家的价值不够。

大家的时间都很宝贵，要让客户觉得跟我们见面能有收获，人家才愿意见，毕竟现在谁家也不差一顿饭了。我是2014年通过李彦鹏总监购买了孩子的保险，后来给他介绍了几个客户，他就请我吃饭感谢我。自此之后，我们保持了每年见一两次的频率，而且有时候是我主动约他吃饭。为什么？他事业做得很成功，服务了很多客户，也带一个很大的团队。我自己也是主管，带了一个小小的团队，也有客户（领导）要服务，跟他聊天，我总能受到一些新的启发。怎么能让自己价值更高？最好的办法就是好好做业务，大力提升自己，让客户觉得我们身上有值得学习的地方。

（2）客户怕被推销保险。

客户不愿出来，有时可能是怕被推销保险。所以，我的原则是绝不在跟客户吃饭时推销保险，平时有那么多机会通过发朋友圈、写公众号文章来影响客户，干吗非要在吃饭这么难得的时候去扫人家的兴呢？有些客户第一次约出来吃饭会有点疑虑，例如有位客户姐姐，从我这里买了保险之后，又向大学同学大力推荐我。正好快过年了，我就约她出来吃饭，她同意了。但到吃饭的前一天，她发微信说单位比较忙，出不来。过完年我又约她吃饭，这次她婉拒了，还说："我真的没钱了，以后我帮你介绍客户吧。"这时，我才知道她是担心我借吃饭给她推销保险。我就跟她说:“你放心，我不会给你推销保险，就是聊聊天。”她这才如释重负，痛痛快快地答应了。

正是因为在吃饭时我从不向客户推销保险，客户有了亲身感受，下次再约见面才比较容易，而且形成习惯之后，客户甚至会期待见面聊聊天。我以前在银行工作时，跟不少同事都有定期吃饭聊天的习惯。第一次约可能有点怪怪的，或者是因为一些偶然的契机，比如对方帮了忙要感谢一下，但第二次、第三次约就变成习惯了。

8. 缺客户了，就做这件事

这两年我经历过两次客户断流。

第一次是真断流。2020 年 11 月，其实那会儿我的业绩就已经不错了，提前达成了 COT，已经有了几十个家庭客户。但不知道为什么 11 月份有 20 天左右，一个客户咨询都没有，我都怀疑我的自媒体账号是不是被封了，还让朋友帮我看能不能点开。自媒体没被封，但就是有 3 周左右没有客户咨询。

第二次是业绩断崖式下降。2021 年三季度的业绩，只有前两个季度平均业绩的 30%～40%，所以三季度的感觉也很清冷。虽然客户一直有，但咨询量不如以前大，而且签单率不高。

这两次客户断流，实际上比我想象的情况好多了。我刚入职明亚保险经纪公司不到两个月时，业绩还是挺不错的，当时一位在保险公司做代理人的朋友跟我说，要做好客户断流的准备，新人入职满 6 个月时，会经历客户断流，因为缘故客户签完了，转介绍又没有做起来。所以，我始终抱着忐忑的心情等着客户断流。在我入职满半年的时候，因为已经开始做自媒体，陆续吸引来了网络上的陌生客户，缘故客户的转介绍也慢慢开始有了，甚至一些网络客户也给做转介绍，所以并没有经历断流。

2020 年 11 月，我入职满一年了，按理说已经有了一定的客户基础，但还是经历了 20 天左右的断流。总结原因，可能跟我 9 月—10 月自媒体输出数量太少有关，那两个月的客户咨询量比较大，还有几个比较大的单子，我每天都很忙，没有腾出时间来做自媒体，连朋友圈都发得比较少。从此以后，我特别注重自媒体、朋友圈输出的稳定性，在“内容输出”和“客户咨询”的时间分配上，尽可能保持固定比例。

2021 年三季度的冷清，则是因为前两个季度在自媒体输出方向上的问题。前两个季度为了配合写书、录课，自媒体输出更偏向于一些冷门普及知识，受众群体少，转化率不高。四季度调整方向之后，业绩很快就提升了。

后来，我接受了这个现实：销售工作，就像办企业一样，都会经历周期的。重点是如何对待低落期。客户可以断流，但心气儿不能断。

2020 年 11 月，第一次经历客户断流的时候，我开始挑战每天写一篇自媒体文章，连续坚持了 30 天，而之前的输出频率是每周两篇。2021 年三季度客户冷清的时候，我付费参加了五六个自媒体经营课程，开办了 5 期保险普及社群讲座，自媒体和朋友圈的输出也一如既往地保持了很高的频率。

首先，我们不能因为没有水就放弃挖井，只要确认地点没错，越没水就要越努力地挖，直到冒出清泉来。其次，就算不是因为过去一段时间自己努力不够，而是纯粹的周期因素导致客户断流，也不能什么都不做，等着周期回归。只有在低迷期持续努力的人，才能在周期回归时收获更多红利。

9. 一条认知，帮你克服焦虑

保险行业没有底薪，业绩就是我们的命根，所以无论是行业、公司还是团队，都肯定避免不了以业绩论英雄。但如果你对自己也以业绩论英雄，那就傻了。这么简单的道理，我花了一年多才想明白。

每年年初，李彦鹏总监都会指导我制定全年的工作目标和计划。第一年，我把业绩目标等分成 12 个月，要求自己每个月都盯着那个业绩目标，一定要确保按进度完成。这样做对吗？不能算错。2020 年，虽然有个别月份没有完成目标，但每个季度都是按进度完成的，甚至三季度提前超额完成了全年目标。正是因为每个月都盯着业绩，我会特别认真地对待每一个客户，无论大小单子都很上心。但这样有问题吗？有，我花了大量时间“内耗”。虽然在很多同事看来，我已经是勤奋努力的典型，甚至是工作狂了，但对比 2021 年的状态，我还是有大量时间浪费掉了，浪费在焦虑、担心和恐惧上，这是一个人过分聚焦在结果上的必然反应。

2021 年，我把工作时间缩短了 30%——晚上除了处理客户咨询，不再主动加班，周六休息，但业绩比 2020 年还要好，而且公众号文章比 2020 年多输出了 150 余篇，期间还写了一本书，做了 5 次社群讲座，客户咨询量也翻了一番还多。为什么会出现这种结果？我分析后认为，除了技能和效率比 2020 年提升了，更重要的是，2020 年多出来的 30% 的工作时间，可能有一大部分是在“内耗”，甚至自我攻击：为什么我那么笨，为什么这个客户没谈好，这个月要完不成目标了……

到 2021 年，我已经有了一年多的经验，也收获了正反馈，对于“分享促进业绩”的认识更深了一些，开始调整自己，不再简单地只盯着业绩目标，而是定完目标后把精力主要集中在需要做的事情上。既然支撑业绩的是分享，要想比 2020 年做得好，就要在分享频率和分享质量两方面都比 2020 年更高。

我喜欢看书，觉得唯有看书才能形成系统化的知识体系。那么对于一些喜欢钻研的客户来说，保险普及书肯定是最高级别的内容分享，于是我写了一本保险普及书。不爱看书的人呢？如果想学习，他们会听课，我就录了35节保险普及课。连课也不愿听的人呢？他们会看碎片化的知识，比如自媒体文章，我就继续写自媒体，而且频率比2020年提高了一倍。不爱看文章的人呢？他们会刷朋友圈，我就继续发朋友圈，频率提高不了，就提升质量，我付费学习了几个如何发朋友圈的课程。

但一二季度写书和录课确实花费了不少时间，直到10月份图书才出版上市，录制的课程直到2022年才上市，所以虽然做了大量分享性工作，却难以在2021年产生影响力。这也导致2021年三季度末我的业绩落后于进度了。怎么办？四季度要追回来。虽然有压力，但这次追业绩比以往任何时候都容易，因为我已经非常笃定“多分享就会带来业绩”，所以直接把目标放到内容输出上，大量输出自媒体文章和朋友圈文案，两个月就把业绩追上来了，还多做了一些。

李笑来说：“要到别的地方找钥匙。”我的理解是，要从根源上解决问题。例如，某个组员最近业绩不好，教练要帮他梳理一下最近在谈的客户有哪些，看看哪个客户的沟通能改善，近期可以促单成交。这是在近边找钥匙，或许能拉升短期业绩，或许不能。但如果帮他梳理一下过去三五个月的工作节奏，找找问题：过去是只忙于签单，忽视了分享频率和质量；或者情绪出现波动，躺平了几个月，压根儿没怎么工作；又或者分享内容的方向出了问题。这就是到别的地方找钥匙，从根源上解决问题。

根据这两年的工作经验，我总结出一点，对于保险销售这份工作，如果按照重要程度排序，应该是这样的：

业绩 < 工作节奏 < 情绪

情绪稳定大于一切。只有情绪稳定了，工作节奏才会稳定。工作节奏稳定了，业绩才会稳定。

俗语说，早起的鸟儿有虫吃。我认为，一直找虫的鸟儿才有虫吃。保险行业发展到今天，我们肯定不算早起的鸟儿了。而且不管做任何行业，早期进入者虽然能获得先机，却未必能坚守到最后。刚过去的 2021 年，各家保险公司代理人流失超过两百万就是例证。2019 年，我在某家保险公司的新人班同学 130 多人，现在还留在那家公司的，仅剩十几个人，还留在保险行业的也不超过 20 个。在这样一个淘汰率很高的行业，只有持续学习、持续行动的人才会有所收获，而且持续行动的人必有收获。

但后来我发现，人很难控制自己的情绪。很多人明明知道这个道理，可现在就是情绪很糟糕，灰心沮丧，走到放弃边缘。我自己在 2020 年四季度，在当年提前达成 COT，前一年 3 个月就完成 MDRT 的情况下，因为 11 月份客户咨询量很小，也产生了强烈的自我怀疑。我还见过一些离开保险行业的人，直到离开时，他们都认为这个行业是有前途，能赚到钱的，但就是觉得太难了，不想再坚持了。为什么会这样呢？情绪绝不是你让它稳定它就能稳定的东西。所以，后来我又升级了一下前面的公式：

业绩 < 工作节奏 < 信仰

我用“信仰”这个词替换了“情绪”，当然这个词有点儿夸张。其实我说的信仰，就是指自发对保险这个行业的一些基本规律的信奉敬仰。比如“分享带来业绩”，就是我本人非常典型的信仰。没有信仰的人非常可悲。在投资市场上，没有信仰的人就会追涨杀跌。在职场上，没有信仰的人就会浑浑噩噩，推诿工作。在保险销售这份工作中，没有信仰的人是坚持不下去的。坚持下去的人，要么是通过自己的实践获得了信仰，要么是因为相信别人。我的信仰就两者皆有，最开始是因为信任李彦鹏总监，他说的话我有些不能理解，但我相信他是对的，就按照他说的去实践。当我特别迷茫的时候，他的指导让我重拾信心。按照他的话去做，我这两年虽然经历了一些挫折，但总体上结果是非常不错的，这又给了我正反馈，从而建立了自己的信仰体系。其中“分享带来业绩”，就是我对保险销售工作非常重要的一个信仰。加上团队里很多同事都是从“一穷二白”的零资源状态通过分享收获了客户和业绩，就更坚定了我的信仰。

我们生活中有很多基本规律或者定理，例如“两点之间直线最短”。这是我学到的第一个几何定理，连小动物都会自动遵循。因为你认定这是对的，所以面对一条直线和曲线时，没有什么犹豫就能直接做出最优选择。而在保险销售工作中，如果把全行业所有人的时间加总起来，可能有七八成的时间花在犹豫、观望上了，犹豫的原因就是没有信仰。

当然，有很多人根本没找到靠谱教练，这个行业长期以来习惯性的“拉人头”导致了这个恶果。还有的人虽然有靠谱教练，却没有通过教练获得信仰，有的是对别人信任感不高，有的是自己行动力太差。

如果你又在焦虑业绩了，不妨停下来想一想，过去 3 个月到半年，你的工作节奏如何，年初定下来的计划清单完成了多少，完成质量如何。如果工作节奏出了问题，那么业绩不好很正常，现在就放下焦虑，去改进工作节奏，先做上两三个月再焦虑业绩也不晚。中国台湾保险泰斗陈亦纯老师说:“每天至少要工作 10 个小时。”我在刚入职第一年，每天工作时长不止 10 个小时。这里倒不是鼓励大家都当工作狂，而是一定要有足够的时间和精力投入才能产生结果，尤其是对我这样相貌、智商和资源都平平的人来说，努力更是唯一可以依靠的。刚从银行辞职转入保险行业时，为了保持工作状态，只要不出去见客户，我几乎每天都会去公司职场办公，常常因为所有人都走了，我自己在办公室太害怕才不得不下班。

我从小就懂这个道理。上初中时，寒暑假除了做学校的作业，我会提前把下学期的数学和英语课本借来学一遍，还要至少刷一套题。那时候我们没有课外班,但我已经懂得通过提前努力来抢跑了。上高中时，我们采用的是衡水一中的管理模式，每天 5:45 起床跑早操，然后上早自习到7点半。全天的学习结束后,还要从晚上7点半上晚自习到10点。学生们几点吃饭，几点午休，几点上床都是规定死的，而且有巡查的老师监督。当时老师不断强调，我们那一届，全河北省有 130 万高考生，河北省一本院校又很少，大家拼的不是绝对成绩，而是相对成绩。我智商普通，想要取得比别人更好的成绩，只能付出比别人更大的努力。

高一时，住在楼房宿舍里，我凌晨 2 点起床，拿着数学卷子去楼道里，借着明亮的楼道灯做题。高二、高三时，住在平房宿舍里，没有楼道灯，我在床上点着蜡烛学习。宿舍的同学们受我影响，也纷纷点蜡烛学习，从外面看我们宿舍的窗户烛光点点。巡夜老师怕着火，把我们宿舍作为重点巡查对象，一个劲儿地在窗外吼。后来，我干脆起床去教室读书，既安全，又没人管。

假如知道工作节奏有问题，但就是克服不了沮丧的情绪，怎么都无法投入到工作中，那就再想想自己的信仰是不是出了问题，想办法从教练、身边同事的经历中去寻找能量。这本书里多次提到李笑来老师，推荐大家读一读他的《财富自由之路》这本书，没有什么实操性的内容，都是关于思维升级的。他说：“价值观决定命运。”在保险工作中，信仰决定命运。很多前辈说我们这个行业是“剩者为王”，最开始我觉得这句话很好笑，但当我经历了几次对业绩的焦虑之后，就笑不出来了。你以为剩下那么容易呢？剩下的都是对行业发展空间有信仰的，而做好的是对行业基本规律有信仰、能付出辛苦的人。

在美国作家海明威的著名小说《老人与海》中，老渔夫圣地亚哥连续 84 天都没有捕到鱼，为什么第 85 天早上还能坚持出海？因为他相信去大海里一定会捕到鱼，不去大海就永远捕不到鱼，这是他的信仰。信仰→出海→捕到鱼，这是一条完整链条。我们呢？

10. 一个持续进步的利器

信仰之所以重要，就是因为它能支持我们保持稳定的工作节奏和饱满的工作热情。我认为工作节奏需要定期升级，不能只靠顺其自然。我们需要抓好两个方面：一是定期审视自己做的工作是不是当前最重要的，要确保聚焦；二是审视工作效率是否有提升的可能。

（1）定期审视和精简工作内容。

我在生活中信奉“断舍离”理念，山下英子老师在风靡全球的《断舍离》一书中这样说：“只有不断处理掉那些不需要的东西，才能在这个过程中专注于那些喜爱的物品，从而形成螺旋上升式的人生路线。”在工作中也是一样的。因为保险是自由职业，除了教练指导外，并没有老板每天告诉你要做什么，不要做什么。我们自己就是自己的老板，所以我们必须自己决定哪些工作应该花更多时间去做，哪些工作应该减少甚至取消。

《老子》中这么说：“为学日益，为道日损。损之又损，以至于无为。无为而无不为。”这种理念应用到我们的保险销售工作中，就是学习专业知识越多越好，但做事业聚焦的事情越少越好，要减少再减少，直到什么都不用做了，却又什么都没落下。

我刚做保险顾问的时候，帮很多朋友做过保单整理工作，我认为保单整理是和已经买过保险的客户建立初步联系很好的方法。因为我把保单整理得十分清楚，客户对我赞赏有加。但这项工作后来被我取消了，因为相比学习经济专业知识，打磨销售技能，拓展客户量，这项工作的重要性太低了。但取消并不是不做了，而是我不做了，把它交给了助理。客户仍然能够拿到非常详细的保单整理分析，只不过这项工作不是由我具体去做而已。

林语堂说："生之智慧，在于摒弃不必要之事。"从业这两年多的时间，我精简掉的工作还包括：投保操作，及时了解各家保险公司投保规则，收集理赔案例，勾画保单合同重点，制作投保方案表格，文章排版、配图，视频剪辑，等等。我现在的工作主要有三大块，即学习专业知识、处理客户咨询、创作内容文案。精简掉的工作越多，聚焦的工作越少，在重要工作上所花的时间越多，产出数量就越多，质量就越高。这就是 2021 年比 2020 年减少 30% 工作时间的情况下，我处理的客户咨询量和内容输出量却翻了一倍的原因。

对工作内容要定期审视，定期精简，就像整理家里的柜子一样。这段时间认为有必要保留的杂物，过段时间随着思维升级，可能就觉得没必要保留了。我精简掉的工作事项，不是一下子就精简掉的，而是随着思考越来越深入，和助理之间的配合度越来越高，慢慢精简掉的，即所谓的"损之又损"。

（2）审视工作效率。

世界上最公平的是时间，每人每天都只有24小时，这真是给没资源、没背景的人提供了巨大机会。单位时间内产出量越大，获得的竞争优势越大。我建议大家计算每项工作所需的时间，主动思考如何提升效率。这里特别强调“主动”2字。很多人是坐下来开始工作，一天下来能干多少算多少，干不完明天再说。虽然这样的方式，经过长期大量的练习也能慢慢提升效率，但远不及主动提升来得更快。

以我写自媒体文章为例，2020年年初我刚开始做自媒体，一篇3000字左右的文章要写十几个小时，现在回想起来，我都不知道为什么需要那么久。但当时我很清楚，这样的速度是没有办法大量输出的。所以，每次写文章都计时，试图刻意提升写作效率。花费时间从十几个小时减少到七八个小时，我用了半年多（期间同步在提升文章质量）。2020年11月，我定了个目标，一篇文章最多用4个小时。但刚开始总是超标，4个小时用尽了，还差1/3没写完。大概过了两周，突然有一天，在马上就到4小时的时候，写完了一篇文章。当时我特别激动，还给李彦鹏总监发微信报喜。李总特别惊讶：“你一直都花那么久写文章吗？4个小时也不算很快呀。”因此，我立马又树立了一个新目标，在不降低文章质量的前提下，把时间压缩到两三个小时。2021年2月，我开始写《保险应该这样买》这本书，定立的目标是每小时写1000字，每天写1万字。当时需要咬着牙才能完成，每天写完1万字已是精疲力尽。但今年我写这本书，不需要刻意关注速度，平均每小时就能写

1500 字。

《礼记·大学》中有一句我们背得很熟的名句，即“苟日新，日日新，又日新”，教育我们要经常反省，不断革新。除了思想上，在工作节奏上也应该保持这样的理念，不断提升效率。如果某段时间感觉很舒服，做得得心应手，就应该保持警惕，说明已经进入舒适圈，在舒适圈时间久了就会落后。这时就要主动思考：是应该更新工作内容，聚焦更重要的事情，还是提升工作效率，加大产出量？就拿我现在的写作效率（每小时写 1500 字）来说，在保持质量的前提下，还有没有提升空间呢？当然有，那就是用语音输入代替用手打字，其实这本书大约有 1/3 的内容就是用这种方式完成的。因为习惯了敲键盘，语音输入是很不适的一件事儿，脑子跟不上嘴，而且失去了噼噼啪啪敲键盘的快感。但我知道只要我还想进一步提升效率，这是必须要做的，这种不舒服是进步的象征。所以，只要发现自己很舒服了，就要主动找点不自在，学点新东西，使用新工具，干点重要但不擅长的事儿来提升效率，把自己拉到不太舒服的区域。我把这叫作“定期升级工作节奏”，认为这是不断进步的利器。

11. 升级客户层次的底层逻辑

很多想转型做保险的人都会问我："怎样才能有大量的高端客户?"甚至有些保险公司以面向高端客户来吸引新人入职。大家都知道，做保险最终是要不断升级客户层次的。有人认为高端客户是靠已有的资源，也有人认为做高端客户要去混圈子。我没有什么资源，也不太擅长混圈子。读过叶云燕老师的《给成交一个理由》，很佩服她不怕被拒绝，求企业主客户带她参加富豪聚会的魄力，但我的确做不到。

坦诚地说，我有几位高净值客户，但主要客户群体还是中产阶层，所以我写的《保险应该这样买》一书主要是为中产阶层提供投保思路。在这件事上，我可能没有太多的发言权，但我的想法也许值得那些本身没什么人脉资源，又希望逐渐升级客户层次的读者参考。

（1）升级客户层次的基础是升级自己。

也许我们无论怎么升级，都赶不上高净值客户的身家、视野，但升级自己依然是最重要的。高净值客户身边并不缺少保险顾问，但如果你能在他身边的保险顾问里做到最专业、能力最强、品牌最好，我相信对于赢得他们信任是有帮助的。

高净值客户本就是成功人士，他们的成功不是大风吹来的，必然有一段奋斗历程，而你的持续进步就是向他们展示你的奋斗历程。相比那些自己毫无建树，只是追着客户跑，眼巴巴等着客户“垂怜”的业务员来说，选择一个今天或许没那么完美，但明天会更强的保险顾问，能让高净值客户更有成就感。

再说，你不能等着高净值客户给你业务，你总要先证明自己有服务他们的能力，才能获得交易机会。高净值客户的需求，跟普通客户是不一样的。比如保险金信托，就是高净值客户的主要需求之一，有些业务员觉得，反正我也没有高净值客户，学习这些做什么？那么当客户有这方面需求时，你能接得住吗？

所以，在专业、能力、品牌上，我们必须不断升级自己，不要奢望客户能够主动拉着你往前走。

（2）不要太急功近利。

有段时间，思考升级客户层次时，我看了一本书，叫《每周工作 4 小时》，书中有个理念觉得很对：20% 的客户产生了 80% 的业绩。所以只要围绕最重要的前 20% 客户服务，其他客户不要花太多时间，这样就可以大幅缩短工作时间，还不会影响业绩。我机械地执行了，因为大单子不多，所以不能放弃“小单子”，但又想着升级客户层次的事儿，就缺乏足够的耐心，服务不到位，客户有几次不太满意。

后来我反思，有两种行为模式可以逐渐实现客户层次升级。一是强行升级，划定一个标准，比如按家庭保费金额，只做高于这个标准的单子，放弃低于标准的单子，多出来的时间用于输出，吸引更多高于标准的业务；二是缓慢升级，认真服务每个客户，扩大基数，虽然花的时间多了一些，但客户数量多了，优质客户自然也就多了。

我先尝试了很短一段时间强行升级模式，觉得行不通，主要是客户刚来咨询时很难判断保费金额，而且我总是处于一种很功利的状态，不仅客户感受不好，我自己感受也很差。最终还是选择缓慢升级，放下功利心，每个客户都值得认真对待，因为每个家庭都值得保障。有大单子做，感恩；对小单子，抱着帮助客户的慈悲心。这样一来，心态上好了很多，帮助客户之后心情也很好。心情好了，做其他事情时更专注，效率更高。

第四章
提升销售技能

保险对每个家庭都是有用的，但保险不是万能的，不是说有了保险就万事大吉了。追求幸福生活的路上，保险只是一个托底。虽然对很多家庭来说，这个托底非常重要，就像起火时有消防通道一样，但不是所有家庭都对此有正确的认识。所以，保险业务员过分渲染保险的作用，或者采用恐吓式的营销宣传，只会适得其反。

1. 最重要的技巧是没有技巧

我以前在银行做后台工作，从来没干过销售，所以刚转型做保险时，觉得销售技巧特别重要，甚至因为不懂销售技巧而产生过强烈的自我怀疑。从业两年多来，如今在很多同事的眼里，我算是很有技巧的销售了，还多次受邀给一些银行做分享。但现在我反倒发现，技巧真的不如当初想象的那么难，也没那么重要。

所有的销售技巧都是为了销售，而真正拉近你和客户关系的，是信任和关心。我刚转型时，就读了叶云燕老师的《给成交一个理由》，其中有一段说，营销方法、察言观色的技巧，这些都不能让业务员和客户走得更近，只有用心对待客户，才能让客户成为亲人。当时我不以为然，觉得叶云燕老师主要是做高端客户的，太不接地气儿了，说的都是玄学，我们普通保险业务员用不上。但在掌握了很多技巧之后，我发现，销售最高的境界，和武术是一样的，手中无剑，心中有剑。

心中的剑，就是我们持之以恒地站在客户的立场，为他们考虑。

不好意思地说，我常常向客户“邀功”，但前提是我真的做到了。例如，有的客户在理赔时和保险公司有了分歧，我会在公司理赔部门的支持下，跟保险公司先沟通，争取在我这个环节就把问题解决掉。如果不是必要，我甚至不会让客户知道。等拿到理赔金后，我会告诉他中间的曲折和我所做的努力。再如，有的客户身体情况复杂，保险公司拒保了，我会尽 120% 的努力，去帮他找到能够承保的保险公司，或者找保险公司沟通，争取承保。如果最后争取到了承保，我会向客户表达我付出的努力，享受客户的感谢和赞美。或许有人会说：“你都是为了自己的业绩才帮客户争取的。”我相信和我一样为客户考虑的业务员都会有这样的体会：这时考虑的根本不是业绩，而是客户身体有了问题，特别想有份保障的那种期待。有时候，为了帮客户实现利益最大化，在投保过程中，连投保顺序、体检时点，我都要“斤斤计较”地帮客户计算着，这种生怕让客户多麻烦一点儿，生怕让客户少一点保障的小心翼翼，客户能够感受到，也会更信任我。

站在客户立场上，假设我就是客户，我会怎么给自己做保障规划，怎么办理赔，怎么争取核保结论？当然，有些保险前辈可能会讲一些更周到的服务，比如客户生病时在床前照顾，帮客户接送孩子等。我不反对跟客户做朋友，我有很多朋友成了客户，也有很多客户成了朋友。朋友生活上有困难搭把手是应该的，我也帮他们解决过一些生活上的事情。但我也非常赞同李诞在他的《脱口秀工作手册》中所说的“如果你是专业的，就不要做业余的人也能做的事儿”。如果是为了揽业务而做这些事，就显得层次太低了。我见过这样的销售，每逢节日就发来一大段祝福，还经常在我的朋友圈留言恭维，却不肯认真听完我使用产品后所提的意见。我们吃的是专业这碗饭，就要先把专业做好。

还说回销售技巧，话术、礼仪、随机应变，这些都是技巧，学习技巧本来就是销售工作的一部分，但如果你想进入更高境界，就只能把对这些东西的痴迷限定在某个早期阶段。更多的时间和精力，还是放在提升自己的专业能力，提高对客户的价值，体察客户的需求，以及与客户共情上来。

2. 要不要背话术？

虽然我说销售技巧没那么重要，但背话术我是赞同的。很多保险公司都会在新人刚入职时给新人很多话术去背，而明亚保险经纪公司倡导保险经纪人独立思考，不给话术。我认为话术还是有它的合理性，它跟独立思考也并不完全冲突。重点是，话术对不对，以及你是否理解其背后的原理。

我所反对的话术，是那种压根就是错的，或者逻辑不通的话术。例如，我在某保险公司培训时，老师教给我们：小公司的重疾险很难理赔，而且破产倒闭的风险很大，到时候客户只能拿到 90% 的理赔金。这些都是跟《保险法》《保险保障基金管理办法》相悖的，是对法律法规的故意曲解，这种话术背它干嘛？

我认为有必要背诵的话术，是前人总结出来的沟通逻辑，经过大量实践证明，这样跟客户沟通，逻辑更清楚，效果更好，是前人思考和实战经验的结晶。比如，客户质疑通货膨胀对保额的影响，质疑保险公司不理赔，问保险买定期的好还是终身的好。教练会教给你一套话术，这不是坑蒙拐骗，而是帮你梳理清楚问题的本质、回答的逻辑、有效的表达，这相当于你背诵几分钟，就拿走了前人数年的经验，何乐而不为呢？

在背诵话术之前，你先要理解它，体会它的魅力。古人云：授人以鱼，不如授人以渔。话术背下来，只是拿到了“鱼”，只有理解了它的内在逻辑，并且能举一反三，才算是学到了“渔”。初期背话术，后面还要自己总结话术。

表面看起来，话术是能直接拿来使用的应对语言，其实话术体现了销售员对问题的认知。就拿“通货膨胀会导致保额不值钱”这个常见异议来说，当客户跟你说，再过 30 年 100 万元保额也不值什么钱的时候，先不要急于在客户面前去背诵教练教的话术，静下心来想一想，你认为通货膨胀是否会导致保额不值钱。你可能要分析一下，未来 30 年的通货膨胀率大概是什么样，30 年后的 100 万元大约相当于今天的多少钱，你认为采取什么手段能对抗通货膨胀，在通货膨胀面前保险到底还值不值得买。这一单业务成不成不是重点，甚至一年之内能做多少业绩也不是重点，如果经过你的分析，保险压根就不值得配置，这就是关系到你职业生涯的大事儿了，就算是今天靠话术做成了单子，难道不应该尽快考虑转型到更有价值的职业中吗？只有当你对这个问题的认知足够全面时（参考前人经验的基础上），才能给客户分享足够有参考性的建议，而这时你已经超越了话术本身，对保险这种金融工具有了更深的认知。

3. 别做这 3 件骗人的事

别骗人，听起来很简单，对吧？你或许在想：我是来吃专业这碗饭的，怎么可能骗客户呢？事实是很多人都会骗客户。

第一类骗术是“我会一直做保险，一直给你提供服务”。太虚伪了。很多客户都会问：“你离职不干了怎么办?”我刚转型做保险时，也非常惧怕这类问题。有段时间就按照前人教的话术说：“我从中国银行那么好的单位转型来做保险，放弃了 50 万元年薪，机会成本很高的，怎么会轻易离职呢？而且我们明亚有孤儿保单管理办法……”时间久了，我发现这并不能打消客户的疑虑，反而让客户觉得我们在逃避真正的问题。

后来，我换位思考：不管任何行业的销售服务人员，不管他过往是做什么的，现在做得怎么样，我都不会轻易相信他绝不转行的承诺。我在银行工作了10年，那是个在别人看来非常棒的工作，我家人甚至以为我会一辈子在银行工作，但我34岁时辞职了。保险的确是很有发展空间的事业，但我们肯定不能说保险行业是宇宙的尽头。如果所有人都按照话术跟客户说自己能做一辈子，这个行业为什么有那么高的离职率呢？不管是自己跟客户这么讲，还是教给组员跟客户这么讲，都是不负责任的，甚至有骗人的嫌疑。我们可以跟客户说："对于职业选择我是很慎重的，而且我现在做得也非常不错，轻易不会离开保险行业。"我认为这种说法是符合客观现实的。"一辈子"的承诺最好不要轻易说出口，这会让客户觉得我们很轻浮。

如果我们真的像一些保险界前辈，比如刘朝霞老师、叶云燕老师那样，在这个行业做了几十年，而且做得非常优秀，客户一般不会轻易问这个问题。只有像我这样，刚从其他行业转型过来，做了没几年的人，才会让客户有这方面的担忧。所以说再多都是徒劳，不如用自己在这个行业持续深耕的事实来让客户更有安全感。

而且客户问这个问题并不是针对我们，只是为了确保自己的权益而已，担心我们离职会给他将来理赔带来不利影响。只要我们把理赔流程、公司对孤儿保单的管理办法告诉他，客户并不会提出必须给他提供"一辈子服务"这样的要求。

第二类骗术是"我卖给你的产品是最好的"。太绝对了，连广告法都禁止说“最”这个字了。没有人能确保自己的产品是最好的，即便我在保险经纪公司，见过上百家公司的几百款产品，也无法确保给客户推荐的产品一定是市场上的“第一”。而且，保险产品其实也评不出“第一”来。就以重疾险为例：A 产品能赔 2 次，B 产品只赔 1 次，能说 A 一定比 B 好吗？一般来说是这样的，但如果只有 B 能在 60 岁之前额外赔 80% 保额呢，对比标准是不是就没办法一刀切了？再如，同样买 100 万元保额，C 产品每年保费是 2 万元，D 产品每年保费是 2.2 万元，能简单地说 C 比 D 好吗？如果 D 还能多赔 1 次呢？有时候客户会问我：“你推荐的产品是不是最好的？”我笑着说：“即便我看了这么多产品，我也不敢保证自己已经穷尽了市场上所有的产品，我只能说你买的是在符合需求的前提下，市场一流的产品。”

还有的保险代理人，为了让客户购买自己的产品，跟客户说：“我们公司是服务最好的。”连产品都很难一刀切，更何况服务呢？这些代理人压根连别的公司提供哪些服务都不知道，就靠着公司教的话术这样骗客户。保险业务员有必要、有责任多了解市场，对不同的产品形态、不同公司的服务亮点有所研究，给客户推荐时能说清楚自己推荐的产品优点和缺点分别是什么，而不是为了推销一味强调自家产品好。不懂市场的销售不是专家。

第三类骗术是“保险是万能的，没有保险是万万不能的”。虽然原话肯定不会这么说，但保险业务员通过各种话术和宣传，让客户感受到的意思就是这样的，这反而增加了客户的逆反心理。明亚保险经纪公司王鹏副总裁在2020年的文章《疫中“羞于”说保险》中这么说：

保险不可能消除“不幸”，保险的价值，仅在于减少“不幸”时的雪上加霜。例如，重病来袭时，别让医疗费成为考量人性的依据，生命弥留时别让身后事成为难以瞑目的哀思。

那些并无切身之痛，却动辄就说保险“骗人”“无用”的键盘侠们，和那些每每借灾情“普及”保险，将保险说得近乎“无所不能”的营销员们，请各自停止无知的诋毁和无知的捧杀吧！

保险对每个家庭都是有用的，但保险不是万能的，不是说有了保险就万事大吉了。追求幸福生活的路上，保险只是一个托底。虽然对很多家庭来说，这个托底非常重要，就像起火时有消防通道一样，但不是所有家庭都能对此有正确的认识。所以，业务员过分渲染保险的作用，以及采用恐吓式的营销宣传，只会适得其反。

还记得在某保险公司新人班时，一位从业十几年的业务员讲课时说：“自己有位客户得了甲状腺癌，获得50万元重疾理赔金（2021年之前的重疾险里甲状腺癌是重疾），客户非常高兴，给自己买了辆新车。”她还问我们是否知道最快的致富途径，并故作玄虚地告诉我们：“意外事故掉了8颗牙齿就能赔10万元（如果买100万元保额意外险）。”或许她说的是事实，但在当时还是新人的我听起来，觉得十分刺耳，甚至有些反胃。保险不是用来致富的，对于客户来说，本就忌讳谈及死亡、重疾、意外，保险业务员还不知死活地把出风险拿理赔金当成一大幸事讲给客户听，真是完全背离了我们销售保险给客户的初衷。

保险这种金融工具有它的优点，比如可以提供很高的杠杆，哪怕只交了几千元，发生风险也能理赔几十万元；非常安全，对于寿险保单，即便保险公司倒闭了，也不影响合同执行。但也有它的缺陷，当客户对它抱有跟银行理财相同的预期时，它不能在短期内提供很好的流动性，也无法提供股票、基金那么高的收益率。这些问题我们不应该回避，更不应攻击其他金融工具，而是应该讲清楚每一种金融工具的侧重点，让客户认识到分散配置的必要性。

少一点骗术，多一点真诚吧，客户能感受到。

4. 客户拖着不签单怎么办？

一般来说，保险这种产品成交周期比较长，毕竟是一笔不小的资金安排，一线城市中产家庭买保险的支出少说也有几万元，多的十几万元、几十万元，当然会慎重考虑。而且，虽说现在社会保险理念比 20 年前进步很多，但依然有人对保险有疑虑。再加上有人天生就是选择困难症、拖延症，即便不是保险，购买其他商品也比较纠结。

先说我常用的话术吧。我会告诉客户，一旦我们决定买保险了，就不要拖延，因为我们不知道风险什么时候到来。如果我们还没想过保险的事儿也就罢了，既然已经了解保险了，就尽快落实。这个行业，包括我同事的客户里，有很多类似的案例，在拖延中发生了风险，或者买晚了，以至于发生风险时还没过等待期，只能自己承担相应的损失。

你看，其实就是很普通、很真诚的一段话，不是恐吓客户，而是出自我的真心，因为经常有同事“吐槽”某某客户去年想买保险，嫌贵没买，今年得了某某重疾。但这段话术不是什么灵丹妙药，包括一些保险前辈教给我们的促单话术，也不一定都能奏效。你必须承认，人跟人大不相同：有些客户是急性子，了解了就会马上落实，不想拖着；有些客户就是慢热，做决策需要很长时间。

我这个观点可能会让你失望，跟一些保险前辈很有攻击力的促单话术不同，我觉得不要太纠结于某一个客户是否能在短期内成交。我们是保险顾问，希望帮助到那些想要转嫁风险的人，甚至想要帮助到所有有风险的人。但你并不能总是成功，因为有人会听从你的意见，有人不会，甚至有人压根认识不到风险。所以，该做的需求分析做到位了，该做的促单动作也做了，客户还是不签单，就别像打猎一样对客户围追堵截了，别保险没卖出去，还被客户拉进了黑名单。

这里讲的是心态，心态放平和一点，允许客户先了解、消化、吸收，给客户提供充足的决策参考，也要有耐心等待客户做决策。我经常跟客户说的一句话就是：“我就是您买保险的助手，为您提供充分的参考信息、参考标准，决策由您自己来做。”让客户在一种没有压力的情况下做决策，长期来说会有利于我们和客户之间的融洽关系。你是强势的销售还是耐心型的，客户会很敏感，强势型的可能适合一部分客户，但耐心型的一定招所有客户喜欢。

不纠结某一个客户是否能短期成交，和不在意所有客户是否能成交，这是有区别的，可以回顾一下前面说的大数法则。我们必须确保销售流程是对的，需求分析是到位的，对客户情绪的体察是充分的，然后才能放平心态。也就是说，我们该做的事情都做到了，并且我们只做我们该做的事情。该客户做的，我们只能提示他，不能强迫他。

怎么做需求分析，如何建立完备的销售流程，如何体察客户情绪，这些都是你所在的营业部，或者你的教练应该教会你的。之所以让大家一定要听教练的话，打好基础，再琢磨别的，是因为我见过不少人，做保险已经很久了，还是会栽到基本功不扎实这个问题上。只有把基本功练扎实的人，才有资格放平心态。

允许客户先了解了解，允许他现在先不签单，这何尝不是一种服务？

5. 客户要返佣怎么办？

前段时间，我有位组员一大早就打电话给我，非常着急，很气愤地说，有一位客户找她咨询保险，她非常耐心、专业地帮助做了需求分析，还帮客户分析了好几家公司的保险产品，做了大量准备工作，好不容易敲定了方案，原计划昨天晚上投保，结果客户跟她说某某保险公司业务员给返佣，问她能给返多少。

我从不向客户返佣，无论大单还是小单。这本来就不是什么值得炫耀的事儿，因为我只是做了一个守法业务员而已。客户明知道对方推荐的保险产品不够好，还是被返佣诱惑，这不是客户的错，是那个返佣业务员的错。这个行业还是有些不守法的业务员，不能说明目张胆吧，至少是脸不红、心不跳地跟客户谈返佣。我不仅是建议、奉劝，还呼吁大家合规展业，不要靠返佣吸引客户。我们吃的就是这碗饭，学了那么多专业知识，打磨了那么久销售技能，还花了那么多心思拓客，难道连饭都不配吃吗？我一直不太理解，返佣到底是瞧不起自己，还是瞧不起客户？别说我们给客户提供这么多专业知识和服务了，网络上有很多录制课程光听一遍都要收好几百元呢，我们保险业务员凭什么连佣金都不配挣呢？想想当初为什么来到这个行业？难道是为了赔本赚吆喝吗？至于有些人靠返佣去“撬”别人的客户，这不仅是不尊重自己，更是连最基本的道德底线都没有。强烈建议大家入职之前，先去各地银保监局的官方网站上看看，有多少人因为返佣被发现而被终身禁止进入保险行业。返佣行为是违法的，违反《保险法》。冒着毁掉职业生涯的风险也要返佣，真是做保险做丢了初心、良心。客户选择这样的保险业务员，也意味着他为了区区一点点返佣而彻底放弃了以后的长期高质量服务。

其实我从业两年多，服务了几百个家庭，提过返佣的不超过 10 个，比例很小。而且，其中大部分最终是在不给返佣的情况下通过我买了保险。一是因为我能提供更具有性价比的保障方案，节约的保费远远多于对方业务员给的返佣；二是因为他们相信我能提供更好的服务，后面我也做到了。

当然，也有极个别的单子真的因为返佣问题丢了。这里就要再提一次大数法则，对于我们做保险的人来说，这个法则真是太重要了，而且我们总是忘掉。要求返佣的客户是少数，靠返佣拓客的业务员也是少数，监管部门一直在严厉打击这种违规行为，所以我们把焦点放在少数、个别的事情上是没意义的。我们的重要工作是扩大客户基数，不断重复那些能提升业务量的行为。如果确实遇到一些客户，既不在意保障方案的性价比，又认为自己不需要保险专家的长期服务，那就随他去吧，我们只是保险业务员而已，不是救世主。

我对这位气愤的组员说了 3 点：第一，客户提出要返佣，你不该生他的气，因为客户没错，错的是业务员。如果你是客户，你不了解保险行业的法律法规，又有业务员跟你说可以返佣，你也会想当然地以为这只是一种优惠促销行为而已。给客户这种错误认知的，是违规的业务员。第二，帮客户梳理清楚思路，他要的到底是眼前的返佣，还是保障方案更高的性价比。我们保险经纪人产品线极为丰富，给他提供的方案，能节省 20% 以上的保费，而且是以后几十年每年都能节省这么多，对方返佣也只不过是返一年而已。第三，让客户知道你做好保险业务的决心，相信你会在专业上持续精进，在行业里一直坚守，能给他提供持久优质的服务，而返佣的那种业务员，连饭碗都砸了，冒着违法风险做业务，能给他提供什么服务呢？

6. 客户不想做健康告知怎么办？

我做保险还不满一年时，网络上有位高净值客户找我规划重疾险。因为是陌生人，而且是优质客户，虽然客户对我的专业度满意，但毕竟缺少了解和信任，所以我全程都非常认真，小心翼翼地准备。他说最近两年体检过，但找体检报告比较麻烦，身体应该是没什么问题，能不能别做健康告知了。我给他看保险公司的健康问卷，他又觉得自己好像有什么问题，但记不清了。因为他有位朋友就在某家保险公司工作，他同时也咨询了这位朋友，这位朋友建议他不用做任何告知就可以买。当时，我既不想留下隐患，希望他能找到体检报告，做好健康告知，又有很大的心理压力，生怕客户觉得找我买保险好麻烦，就不考虑我了。

后来，我跟他说："咱们素昧平生，您这样的优质客户来找我咨询保险，我很荣幸。我是做保险销售的，没有销售不想尽快成交，等客户找病历、找体检报告会拉长成交流程。而且有些客户把体检报告拿来一看，发现根本买不了保险，我也就丢了单子。但您既然信任我，我就不能给您埋下雷，买保险当然不希望用到，但如果真用到了，投保时不好好做健康告知，是有可能拒赔的，而且连保费都不退回，对客户来说损失就太大了。”我话还没说完，客户就说："所以我找您是非常明智的，对不对？您等等，我让同事帮我找一下体检报告。”

购买健康保险是必须如实做健康告知的。虽然《保险法》规定，如实告知是投保人的义务，但客户不懂。我们作为保险顾问，就是给客户决策、投保提供足够的信息参考的，我们会尽量照顾客户的情绪和感受，但不能任凭客户“任性”，这也是专业的一种体现。因为怕客户不买保险，就顺从客户不做健康告知，既给客户埋了雷，也给自己以后的职业生涯埋了雷。

刚做保险第一年，我常常因为这类事情苦恼，但后来这类异议就很少了。我分析原因还是我经验越来越多，专家形象塑造得越来越好，客户的信任度更高了。所以，解决这个问题的根本手段，是不断提升自己的专业形象和实力。做个类比，有多少患者会跟名医讨价还价：这个药能不能不吃，这个检查能不能不做？但如果是普通医生，他可能就会质疑。

7. 客户嫌加费不买了怎么办？

其实，我在《保险应该这样买》这本书里给保险消费者讲过这个异议，只不过不是单独的一节而已，这里单独讲一下。

加费，一般出现在寿险、重疾险、医疗险这类对身体健康有要求的保险中。因为客户身体情况不够好，不满足“标准体”的承保要求，所以比同龄人要多付一些保费，有时候加的保费还不少。以我的经验，一般不会低于 20%，最多见过加 100% 的，也就是保费比别人贵一倍。于是，有些客户就觉得亏了，不值了，干脆放弃投保。

我觉得最重要的是你要设身处地替他着想。比如，加费 100% 的那位客户，我就建议他不要买了，因为如果是我，我也会放弃。幸亏我在保险经纪公司，产品线比较丰富，选择比较多，后来帮那位客户找到了一个加费少一些的产品。而另外的一些客户，我也会先想，如果是我，我愿不愿意买。“己所不欲，勿施于人”，我愿意买的情况下，才会建议客户买。

另外，加费的核保结论出来以后，你能做的工作其实就不多了，或许有些话术可以跟客户讲，但讲完无效也就没办法了。你能把握的其实主要在投保之前。当你看到客户的体检报告、就医病历时，就该跟他讲，他的身体情况可能会有什么样的核保结果，是除外部分项目，还是有可能加费，还是会拒保。还要告诉客户，在所有的核保结果里，加费承保是仅次于标准体承保的好结果。虽然比同龄人多付了一些保费，但比那些虽然少付了一些保费，但部分项目不能理赔的人要好多了。还要跟他确认，加费的比例可能是多少，能否接受。这些工作如果都做到位了，那么核保结果出来时，除非大幅超出了你之前预估的加费比例，否则客户就会平静接受，你根本不需要紧张。

加费的结果出来以后，我们能做什么呢？只有一件事，就是帮客户向保险公司再争取一下：能不能少加点，能不能不加。因为我在保险经纪公司，遇到体况复杂的客户，以前常常是同时投保几家保险公司，最后看哪家给的核保结论好，就让客户选择哪一家。比如 A 公司只加费 10%，而 B 公司加费 20%，但客户更喜欢 B 公司的产品，就去向 B 公司争取：你看，A 公司只加费 10%，你们能不能也少加一些？后来，明亚保险经纪公司开发了一个“核保前置系统”，如果客户体况复杂，我们会先通过系统提前“招标”，在投保之前就预先告知各家保险公司的核保结果，给客户建议时更有针对性，这又进一步增加了我们在投保之前能做的工作，也减少了加费结果出来之后需要做的事情。

8. 不要动不动就给客户做计划书

我在某保险公司工作时，公司对业务员有个要求，就是每天要给客户做 3 份保险计划书，把做计划书作为活动量考核的一部分。管理活动量自然好，但在客户确定要买保险之前，贸然出计划书可不是什么好主意。“你先给我发个计划书看看吧”，这往往意味着你和客户谈话的终结。“我先给您发个计划书看看吧”，这是你在主动终结跟客户的谈话。

首先是大部分客户根本看不懂计划书，也就能看个热闹：交多少钱，保多少保额，再多的基本上就看不懂了。其次是大部分客户根本就没时间看，即便有时间，一看那么多内容，也就耐不下性子看了。现在大家连小说都很少看，更何况那么枯燥的保险计划书。如果没有业务员的详细讲解，十几页的计划书还不如一段 50 字的解读文案来得管用。所以，不要指望用计划书来吸引客户，更别指望需求分析没做好时，用计划书来挽回客户。打个比方吧，计划书只是一支没有装子弹的枪，看起来很威风，但千万别指望它能给你防身，甚至关键时刻救你一命。

我几乎不给客户做连篇累牍的计划书，一般都是把交费、保额、保障内容等做成很简单的一张表格，减轻理解压力。但即便这么简单的表格，也从不会直接丢给客户自己看。一家三口的保障计划，一般都要花上 40 分钟左右给客户做详细讲解。即便如此，讲计划书其实也只是投保前“走个过场”而已。这里不是说敷衍客户，而是在讲计划书之前，其实已经跟客户把“要不要买保险”“要买多少保险”“要买什么样的产品”这 3 件事儿都沟通好了，不指望计划书起任何作用，只是在投保之前让客户先“验个货”而已。等到投保之后，还会对照着合同条款，再验证一下。

所以销售的核心根本不是产品，而是准确把握客户的需求，并且给出匹配的解决方案。到计划书这一步，就变得很简单，我的客户投保、计划书都是助理做的，我们应该把心思花在最核心的地方。至于如何把握客户需求，这是你应该向教练重点学习的内容，我写的《保险应该这样买》一书，就是以我平时给客户做需求分析的经验写成的，目的是帮一些没有专业人士服务的客户，也能了解如何梳理清楚自己的需求，不少保险新人反馈学习后收获很大。不仅是学习，还要参加演练，在模拟实战中提升能力；不仅演练，还要把握每一次跟客户沟通的机会，把学习和演练的内容运用到极致。对我的组员，我还会事前帮他们把关要跟客户沟通的内容，事后指导做复盘。我自己也是在李彦鹏总监指导下这么成长起来的。教练辅导能大幅提升你的效率，但你自己反复琢磨才能更好地吸收。

9. 做产品对比，LOW 不 LOW？

我在某保险公司工作时，常听前辈们说："做产品对比表格是很LOW 的一件事。"背后的逻辑是，不要以产品诱人，如果客户认可你，根本不在意你卖的是什么，肯定会冲着你的个人品牌签单的。所以，有段时间我总觉得做产品对比表是个见不得人的事儿，一边"斤斤计较"地做着产品对比，一边"顾影自怜"，怎么就不能靠个人品牌签单呢，一定要对比产品吗？

当时我见过不少同事，他们也在因为客户自己动手做产品对比而焦虑，生怕客户对比之后去买了别的产品。也有一些同事因此丢了单子。现在，我从业两年多了，常有客户来问两款产品怎么选，我也会帮他们做对比分析。我们的监管要求，是不允许以偏概全、断章取义地去做产品对比和宣传，我们作为从业者必须严格遵守。但对于产品的客观对比分析，是客户的需求。买冰箱还要多家对比看看呢，买保险怎么能阻止客户货比三家呢？

光以产品"侍"人，确实比较 LOW，也招客户烦。我赞同一定要坚持打造品牌，形成以"人"为核心的竞争力，而不是以公司提供的产品为核心。打造个人品牌，归根到底是要为客户提供更多服务层面的价值。但如果打造个人品牌变成了只以“人设”为目标，让客户为“人设”买单，反而损害了客户利益，时间长了，人设是要崩塌的。

我认为做产品对比分析也是我们能给客户提供的一种服务价值。我是做保险经纪人的，公司签约的产品那么多，如果不做产品对比，我连给客户推荐哪款重疾险都无法确定，还谈什么签单呢？从客户角度来说，如果我们是专业的，并且是为客户利益考虑的，那就不应该回避客户对产品对比的需求，勇敢地站出来给客户提供参考信息，这也是在塑造“有求必应、专业客观”的个人品牌。

再者，作为从业者，多了解一些产品没有什么坏处，见多识广也是销售员竞争力的一个内容。现在是信息时代，如果你只知道一两款产品，在客户眼里多少有点“坐井观天”的感觉。所以说，能迅速看懂各种产品，也是我们应该练就的基本功。

10. 不懂提问，就不是好销售

常有前辈告诉我们，要学会向客户提问。我刚入职时，满脑子都是保险知识和理念，只想拉着客户耳朵灌进去，实在不知道怎么提问。读了《不懂提问，你怎么做销售》这本书，但当时我读完后，自己没有任何改善。所以，在我从业的第一年，提问只是一个自我要求，是学习了销售流程之后的一种刻意练习。当然会提问确实效果不错，我的成交率是比较高的。

直到从业第二年，我忽然有一天对提问这件事开窍了。各种提问技巧当然有用，但要想真做到得心应手，还是要穿透表面技巧，深入内核，这个内核就是要对客户有好奇心。这里所说的好奇心，不是让我们打听客户的隐私和八卦，而是学着体察客户的内心世界。有了好奇心，自然就会提问。

比如最常见的一类异议，是通货膨胀会导致几十年后保额不值钱。当然，我们会学一套话术，或者自己思考总结一套话术来回复客户。但这是在给客户灌输你的理念。如果我们能保持足够的好奇心，就可以探究客户是如何看待通货膨胀的，过去几十年是否有被通胀侵蚀了大量资产的经历，对未来几十年的通胀预期是怎么看的，现在已经采取了哪些手段来规避通胀等。在探索客户内心世界的过程中，我们知道了他们的经历和观点，对于能否和他们取得共识就有了更多把握。在这个问题上，我们的目的不是说服他，而是看看有没有可能跟他取得共识。

其实，好奇心就是要有耐心。不急于给客户推销保险，而是愿意首先站在客户的立场上考虑问题。在好奇心的驱使下，我们会更多地倾听客户，了解客户的想法，从而真正走到客户心里去。在生活中，我接触过各行各业的销售，理财、基金、房产、健身、衣服等，最常见的销售错误，就是不停地催促客户购买。即便我不回复消息了，也持续不停地“努力”追踪，而对我为什么不回复消息从不关心。实际上，只要他问我一句：“给您发消息您一直没有回复，不知道是否打扰了您，您是暂时不考虑购买了，还是我没给您提供最有针对性的解决方案？”那么我们就有继续沟通的可能。

有的房产销售，在我已经明确告诉他家庭情况、居住需求、购房预算的情况下，还完全无视我的想法，只要有房源，就像群发一样推送过来。第一次我会告诉他，这个房源不符合我的需求，并且再重复一次需求。但下次还是只推送房源信息，从此我就不看他推送的消息了。这些销售人员，是完全没有任何好奇心的例子。

还有些朋友，对客户的话毫无敏感性。一位组员曾跟我反馈：一位完全没买过任何保险的陌生客户来找他咨询年金保险。我问他：“这位客户有没有跟一些其他保险业务员咨询过呢？”这位组员说：“我问过了，客户说没有找过其他业务员。”我又问：“那客户从哪里知道年金保险这个东西的呢？”他答不出来。这也是缺乏好奇心的例子，你越不愿意花时间了解客户的过往和现在，就越不可能走进客户内心，给他做真正的需求分析。

好奇心还是一种学习态度。也许在保险方面我们比客户懂得多，但保险是为生活服务的，在生活上客户可能是我们的老师。当客户跟你观点不同时，跟客户争辩只能让对方认为你没有空杯心态，并且处事急躁。我知道，有的销售技巧会教大家停下来请教客户，而我认为任何技巧都可能被人识破，只有发自真心的请教才是长远之道。比如，客户说保险的收益太低了，我们可以去探究他为什么认为保险的收益低，是不是平时做投资比较成功。

有一位陌生客户读了我写的《保险应该这样买》之后来咨询我。他是地产公司投资部总监，自己对股票市场具有独特的研究，近十几年也在股市赚了不少钱。虽然他很认可保险的配置价值，但短期内不愿意把太多资金放到保险里面。我给他做保障规划时，跟他请教了很多炒股投资问题。我并不是为了找到客户的“破绽”而请教，而是出于佩服的初衷，不管他是否买保险，最起码我学到了一些投资知识。同时，客户肯定也不会认为我是个毫无空杯心态的保险推销员，他在投资上专业，我在保险上专业，我们相互交流，彼此都有收获，这样下次再交流是不是就容易多了?

其他一些客户，可能不是某方面的专家，但如果他们提出了异议，就表明他们有自己的逻辑和判断，急于解释保险的收益率问题，或者否定客户的意见，都是“自寻死路”。这里所说的“死路”，意思是说你已经把客户跟你沟通的大门关上了。为什么很多人说感觉跟客户聊得好好的，结果没了下文，或者客户找别人买了，因为你所谓的聊得好好的，只是你自己的感觉而已，说不准客户已经感觉很不好了，只是他没有表达出来，或者客户不想花时间跟你争论，只想早早结束跟你的沟通。不要关上跟客户沟通的大门，也不要跟他们争辩，要向他们学习。学习多了，不仅更能把握客户的想法，而且也有助于我们形成更全面的观点。对于一个销售员而言，沉浸在自己的行业领域里坐井观天是很可怕的。

11. 一个行动，领先 90% 的同行

如果一年读 50 本书，会领先 90% 的同行，你相信吗？读书是杠杆最高的投资。你知道我为什么在银行工作了 10 年才想明白应该离职转型吗？因为前 8 年我几乎没有读过书，直到最后两年才通过大量读书、大量思考，想清楚自己想要什么。你知道为什么 2018 年我有勇气卖掉一套房子来为从事保险行业做准备吗？因为我读了不少书，梳理清了做决策的正确标准。其中对我最有影响的 3 本书是《极简主义》《如何掌控你的一天 24 小时》《奇特的一生》。这 3 本书教给我 3 件事：第一，辞去稳定的工作不会完蛋；第二，时间必须花在有意义的事情上；第三，能做好时间管理的人必然有成果。这是给我转型信心的 3 个非常重要的价值观。

卖保险，跟卖别的东西不太一样。保险被公认是最难卖的商品，因为它有点反人性。最近，我有位客户退掉了去年购买的医疗保险，说他身体情况很好。我给他配置的是一款保证续保 20 年的住院医疗险，标准体承保，每年只要几百元保费，就能保 200 万元的住院医疗费用

额度，而且规避了普通医疗保险不能续保的缺点。最起码未来 20 年都有续保权，跟很多因为体况有问题而被医疗保险拒保、除外承保，或者买不到这款产品的客户相比，这可真是太完美了。但他要退掉，原因是他一时半会儿感觉也不会住院。医疗保险要做的，是让人“无事常思有事时”。不仅要思，还要花钱，花了钱还可能白花，这不就是反人性吗？再如养老金保险，客户把钱交进去，要等二三十年之后再领钱，现在年纪轻轻，年富力强，却要想象自己满脸皱纹、老掉牙、没钱花的情景。不仅要想象，还要为那个老家伙牺牲即时消费的快感，交一大笔钱买保险，可不就是反人性吗？顺着人性的话，应该是今朝有酒今朝醉。

既然上升到人性层面，我们作为销售就不得不多体察、思考人性，跟客户沟通时也不能只就保险谈论保险，而应上升到人生、生活层面聊保险。没有大量的阅读，是不可能深入思考和体察人性、人生的。优秀的作者往往都是一个领域的专家、大家、大师，他们能帮我们开阔视野，看见平时生活中没见过的东西，认识身边朋友无法分享给我们的价值观。很多朋友夸赞我辞掉银行 50 万元年薪的工作真是太有勇气了，其实是因为我在《极简主义》这本书里看到两位 20 多岁就辞去百万元年薪工作、追求个人价值的年轻人。很多朋友夸赞我作息规律，时间管理做得很好，其实是因为我读了《奇特的一生》《时间投资法》《一流成功人士早餐前做什么》等经典时间管理书籍，每一本书的作者都是时间管理大师。

虽然只读书是不够的，但读书是基础。连书都不读，沉浸在自己的小世界里，沉浸在生活的琐碎里，是很难提升认知的。当我跟客户沟通时，这些读过的书，就是我的底子和底气。我从不刻意显摆什么——这也不值得显摆，但我会在他们需要时分享我从书中学到的观点、方法和技巧，这让我们更有得聊，也更能在思想上产生碰撞。

多读书还可以促进表达。那些优秀的作者都是表达高手，他们总结的金句、名言，是人类语言的精华，哪怕只学到一两句，都可以让我们跟客户沟通时语言增色不少。更重要的是，以我浅薄的写书经验，写书是很费脑子的，虽然有的书读起来很容易，但其实书的框架、层次需要耗费大量精力去设计。我们读的书越多，逻辑思维能力越好，跟客户沟通时越有条理。

最后，因为保险是如此难卖的商品，我们更应该多打磨理财、保险、风险、销售、写作等方面的技能。在这些领域，其实前人已经有很多佳作了，你不想学习学习吗？说不定哪本 20 多元的书，就能帮你打开一扇尘封已久的大门。我曾在读《极简主义》时打开了正确抉择的大门，读《奇特的一生》时打开了时间管理的大门，读《大额保单操作实务》时打开了法商的大门，读《财富自由之路》时打开了思维认知的大门，读《值得信赖的顾问》时打开了销售的大门。总之，你需要大量的阅读，才能碰到那本改变一生的书。

12. 一个人，帮你提升一倍业绩

我从入职第三个月就开始请助理了。很多做保险的朋友对于请助理这件事是很有压力的，“我支付不起助理的费用”“我的业绩还不够稳定”“我没有那么多工作给别人干”，似乎只有业绩持续向好、工作特别忙的人才能雇助理。

入职第三个月，我的业绩刚刚达到 MDRT，李彦鹏总监就建议我请助理，我当时也是很有顾虑的。毕竟，我打了 10 年工，从没有自掏腰包给别人发过工资，更何况我刚转型，虽然暂时业绩不错，但不确定后面到底能不能做起来。顾虑归顾虑，我还是咬着牙听了李总的建议。

但一用上助理，我就发现，即便是新人，有个助理的感觉也太好了。我终于可以把那些完全练到“手熟”的工作甩给助理，不用再为难自己了。当时，我最怕的就是投保操作。有一次帮一个家庭客户填写纸质版重疾险投保单，从傍晚 6 点多填到半夜，只填对了 4 份投保单，第二天早上起来我就犯了颈椎病，一个多星期才好。还有一次帮一位客户用系统操作投保，我总是搞不定上传图片那一步（光准备那些图片就花了我两个多小时，天哪），一份保单，竟然搞了一整天。我太不擅长这样的工作了，自从有了助理，就再也没学过怎么操作投保。现在，助理基本半小时就可以完成一份保单投保，快的甚至只要十几分钟，我都不知道她是怎么做到的。管它呢，反正助理会搞定的，而且客户体验感更好。

还有保单整理，以前我经常帮客户整理保单，不管是从我这儿买的，还是以前通过其他业务员买的。自从有了助理，我再也没做过保单整理工作，这倒不是因为不擅长，而是没必要亲力亲为。助理整理好后，我会检查一遍，是否跟保险合同条款吻合。以前做一份家庭保单整理表，大约需要 2～3 个小时，现在检查一下只要 20 分钟就够了。助理帮我节省下来的两个小时，够写一篇 2000 字左右的自媒体文章，或者帮两个家庭做需求分析了。类似的工作还有做方案、产品对比表格等，我负责出思路、给方法和最后核对，助理负责执行。

如果没有助理帮助，我是不可能在入职第一年就写 200 篇自媒体文章，还达成 TOT 业绩的。现在文章排版、视频剪辑，包括本书初稿的排版、校对工作都是由助理完成的。

但雇助理对很多人来说确实有心理障碍，最后变成“鸡生蛋还是蛋生鸡”的问题。例如，有同事问我：“我每天工作时间已经很长了，但产出量不高，为什么你能做那么多事？”我说：“因为我有助理帮忙。”他点头赞叹，问：“你什么时候开始雇助理的？”我说：“入职第三个月就开始了。”他摇头叹息说：“你一入职业绩就特别好。”你看，死循环了，很多人给自己不请助理找大量借口。我雇助理的时候，只是一个入职刚满两个月的新人，业绩再好，我也不敢确认后面是否能持续向好啊。现在，我非常笃定地说，雇助理就是很有用。如果你希望后面业绩越来越好，现在就应该雇助理。

（1）“我万一赚不到足够的钱支付助理工资怎么办？”

解决办法就是：不要用未来赚的钱支付助理工资，用已经赚到的钱支付。我有一个货币基金“小金库”，里面总是保持足够支付助理 3 个月工资的钱，这些钱是我从自己每个月的收入里提取的。保险销售工作没有底薪，业绩有低落期也正常，我会做好平滑，不管业绩如何，收入如何，助理的工资是已经存好的，不会受到影响。最近，我的一位组员入职后几个月赚到了 10 万元收入。我问她：“你能假装自己没赚这 10 万元吗？”她有些不解。我说：“你把这笔钱用来雇助理，作为明年助理的工资使用。用你今年赚到的钱支付助理明年的工资，这样心理压力会小很多。”

我相信，有了助理帮助，一定有更多产出，有时间见更多客户，或者做更多输出，从而吸引更多客户，业绩肯定比不雇助理要好很多。助理相助带来的业绩提升和收入增长，一定远多于支付给助理的工资。并且有了助理之后，人也会变得更有斗志，毕竟我们肩负着给别人发工资的责任。一般来说，有助理的人“躺平”的时间远少于没助理的。即便你现在的收入刚够支付助理的工资，又有什么关系呢？难道你认为你和助理两个人的产出不会远高于你一个人单打独斗的产出吗？现在你把收入给了助理，明年收入会翻倍的。很多人嘴上说“保险是半创业”，却不愿意付出任何成本，仍然以打工者心态从事保险销售工作。最典型的打工者心态就是“不见兔子不撒鹰”，只要看不到短期回报，就不愿付出。

（2）“可我没那么多工作让助理做呀！”

不，你肯定有。如果没有，说明你还没有认真对待保险销售这份工作。如果你认真阅读了前面的章节，就会发现有太多事情要做了。哪怕你是个新人，你也会发现，某个重要课程的录音，可能需要转写成文字反复阅读、消化和吸收。你知道一个 2 小时的课程录音转成准确的文字，去掉老师的无关语气词，再排好版需要多久吗？我知道：一整天！如果有助理帮你，这一天你可以去见 2～3 个客户，然后等着晚上坐享其成就可以了。

时间是最宝贵的资源，并且它非常公平，每个人每天只有 24 小时。想要获得竞争优势，一是提升单位时间的产出，二是比别人更聚焦，助理在这两方面都可以帮到你。雇助理就是购买更多的时间。假定工作效率相同，如果你想要跟有一位助理的同事竞争，需要每天工作 16 小时（对方每人每天工作 8 小时），这还有可能。但如果想要跟有两位助理的同事竞争呢，就得一天 24 小时不睡觉了。

雇助理还有个重要意义，就是替代你服务客户。人吃五谷杂粮，谁都有个生病的时候，但也许就在你生病的时候客户也生病了，从医院病房逃出来帮客户办理赔吗？还是遗憾地告诉客户：等我病好了再说？

2021 年 8 月，我得了肠胃炎，有一周左右的时间根本爬不起来床。而我的客户们几乎没有感觉，续期、保全、理赔都照常进行，助理都能搞定。甚至有新客户咨询时，助理也可以先协助解答一两个问题。保险销售是服务性工作，单兵作战的风险比较大。有了助理，就能建立一个稳定的服务系统，对客户也是一种保障。

让助理做哪些工作呢？我有助理后，第一件事就是把投保操作转给她，我系统性地梳理过 3 次工作事项（精简我自己负责的工作事项）：刚雇助理时，把投保操作、整理客户资料、整理保单、续期提醒、自媒体文章排版和配图、视频剪辑这些操作事务从我的工作中分离出去，让助理负责。2020 年下半年开始，我又把一些项目性的工作“分包”给助理，例如招聘第二个助理、建立核保标准 / 理赔案例库，甚至是一些学习、研究性工作，例如参加付费课程学习某网络平台玩法，总结好向我汇报，或是研究某地附近哪几家餐馆更适合请客户吃饭，或是挑选几款适合送给客户的小礼品。助理能力越来越强，能交办的工作也越来越多，我聚焦于重要工作的能力也就越来越强。后来，我又把生活中一些需要花精力的重要事项交给助理替我打理，比如帮我挂号、取体检报告等。

（3）“给助理，还不如我自己干来得快呢。”

是的，大多数情况下，助理肯定不如我们自己干得快、干得好（除了投保操作这种需要天赋的工作……）。但即便如此，我们也必须让助理去干。我们雇助理的目标，不是让一件事干得更快（当然，如果有这种效果是最好的)，而是节省我们的时间，让我们集中精力做更重要的事儿，提升单位时间内重要工作的产出。最夸张的一次是，一位助理花了 4 个小时才整理好客户健康告知的内容，如果我自己做，最多 15 分钟。但我忍住没有发脾气，这样做不光是为了培养助理，更重要的是锻炼我的心理肌肉。这类工作虽然是服务客户必须要做的，但不光消耗时间，还占用注意力。除非助理们集体辞职了，否则我绝不做这样的工作。

(4)“怎么和助理相处?”

这可能比招聘助理更难、更需要练习，也是为什么我说一定要早点雇助理的原因。早点开始，可以早点学会如何处理这种“亲密关系”。我在银行工作时也带团队，多少算是有一点心得。我算不上特别亲切的老板，在工作中眼里揉不得沙子，对助理要求也比较高。但我一定是个忍得住自己不出手，给助理大量锻炼机会，并给予足够指导的老板。有时候客户在微信群里问了一些助理可以解答的问题，我不会贸然出面回答，要么先电话指导助理，要么在助理回复后再予以修正。有一次，一位客户在微信群里问意外保险的问题，助理跟客户交流了十几个回合我才出面发言，客户惊讶地说:“原来你在呀，还以为你在忙呢。”我说:“我一直都在，有几个问题还是我私信指导助理怎么回复的。”不管在什么工作中，工资都只是工作价值的一部分，体会到个人成长的助理，在工作中更有干劲儿。

（5）“找不到好用的助理。”

这只是暂时的。第一次面试就招到一个好助理的可能性不大，但这就像见客户，数量多了肯定有人买保险，面试多了肯定有适合的助理。我不仅面试，还会安排一周的试工期，这一周不算是入职，只是入职前的简单测试。我会付工资，给面试者交办一些日常工作，测试是否符合软性要求，比如是不是有主动性，学习态度如何。从 2020 年 6 月我开始找第二个助理，到 2021 年 9 月，一年零 3 个月，我先后面试、试用了 11 个助理。我们一直在面试、试工，直到终于有一个人通过了测验，并且也对这份工作表现出极大的兴趣为止。

（6）“助理办砸了。”

是的，助理可能会办砸一些事情，但谁不会呢？只要是人做的工作，就有可能办砸，我们自己也一样。既然是团队作战，就做个敢于承担责任的老板。助理办砸的事儿我们要承担后果，哪怕是引起客户投诉了，也不能因此就终止使用助理。出了问题要想办法善后，帮助理复盘过程，改进流程，吸取教训就可以了。有悟性的助理，下次会避免出现类似糟糕的结果。如果没悟性，那就换一个。

也有人问我：“能不能和别人共用一个助理，共担成本？”常规建议是不要。在城市里，最乱的区域就是两区交界处。共用的助理只能起到分担琐碎的事务性工作，因为共用，大家可能都不愿意花时间培养助理，也就没办法锻炼你培养助理和跟助理相处的能力，而且助理的工作效率也很难评估和改进。

13. 一个技能，帮你增加一倍客户量

销售保险的人，一定要有写作能力。因为团队创始人李彦鹏总监早在 10 年前就靠网络拓客，所以我们团队有很强的自媒体基因，不少同事网络陌生客户占比甚至超过 80%。我从一开始就明确要做自媒体，这两年也靠自媒体写作收获了不少客户。但这不是我建议学会写作的原因，即便你不靠网络拓客，也应该学会写作，因为“写作是最好的自我投资”(这句话来自 Spenser 老师的写作技巧书《写作是最好的自我投资》)。

有人一提到写作，就连忙摆手说:“不不不，我文采不行。”其实我也不行。写作不是一定要写出语言优美的诗文，不需要创造“落霞与孤鹜齐飞，秋水共长天一色”这样的千古绝句，只要能把所学所思之事讲到别人听得懂就可以了，跟日常说话差不多。

不过，日常说话有如下两个问题。

第一是缺乏逻辑。以前常笑话一些领导即兴发言说我讲 3 点啊，然后只有第一，没有第二、第三。这就是事前没打草稿，讲了一大堆，全是跑题的。如果秘书提前给准备了讲话稿，逻辑必然很清晰。写作

的时候一定要规划论点、论据，还要设计好开头和结尾。

第二是口头语太多，影响听者体验。这一点李诞在他的《脱口秀工作手册》中也提到，刚开始讲脱口秀的新人，普遍存在的问题是嘴里零碎儿太多，“然后……然后……然后……”“就是说”“嗯啊，这个……那个……”，去除这些零碎儿，最简单的办法就是写逐字稿再背下来。你看，写作就是日常说话的升级——有逻辑、顺畅的日常说话，通过写作提升你和别人对话的质量。

我们做保险销售，就是通过“说服”赚钱的，所有说服都要和别人对话。传播保险理念，讲清投保思路，帮客户升级保障认知体系，讲解保险产品条款，无一不是通过对话实现的。有一次，我去某家银行给理财经理分享保险销售心法，有一位从业 10 多年的理财经理问我：“有一个高净值客户平时跟我关系挺好的，但怎么都说服不了他买大额保单，我应该怎么谈呢?”我没在这位前辈面前班门弄斧，但提出的建议令他大为赞叹：“你可以把要跟他谈的内容写下来，至少是 5000 字的稿子，自己反复打磨，还要找别人帮你打磨。”开头怎么切入，为什么建议买保险，应该怎么买，买了以后有什么服务，这些都落到纸面上，会很容易发现思维漏洞。如果能打印出来给 10 个同事帮着提提修改意见，就相当于集合了 10 个人的智慧，再把稿子背下来，不敢说肯定成交，但至少沟通效果大幅上升，离成交就近了很多。而且，跟客户沟通之后，还方便复盘，哪个部分客户更感兴趣，哪个部分客户持反对意见，从中积累的经验，吸取的教训，会为下次沟通提供借鉴。练好了写作能力，随之对话能力也就上去了，进而就能增强你的影响力和感染力。

如果客户资源不多，需要开拓陌生客户，可以像我这样，把说服客户的过程总结成干货，公开发表在网络上说服更多人。都被你说服了，还能不找你买保险吗？我公众号里的很多文章，都是在跟某一两位客户沟通之后梳理总结而成的。

另外，写作还是很好的记录方式，是第二大脑。有一次，我跟一位客户沟通年金保险，她说得头头是道：某产品有某某优点，某产品有某某缺点。我震惊了："天哪，你怎么知道这么多？"（她提到的一些内容我甚至都不太确定）她说："我仔细学习了你写的某篇公众号文章呀。"原来我的文章里写过，可我自己竟然忘记了。好记性不如烂笔头，我学习产品之后也会写作，写作时会把不确定的内容研究透，记录下来。日后如果忘了，找出这篇文章再读一遍就行了。

我常跟组员说："写作不能停。"我们做保险销售的人，每一天的业绩都会在第二天起床时清零，业绩永远属于昨天，而写作是为明天积累。一个季度过去，无论你做了多少业绩，都已是昨天的荣誉，而你公众号里有 50 篇原创，写了一本书，发了 20 个视频，这些才是明天还能继续给你带来收益的东西。

还有人问："我不擅长写东西，拍视频行吗？"当然可以，只是视频也是在说话、说服，同样需要有逻辑，同样需要照顾读者的体验，所以拍视频之前需要先准备好文案，也离不开写作。而且，既然我们决定做保险销售这种创业性质的工作，就要把"不擅长"这 3 个字从字典里抠掉。人一生下来连吃奶都不会，我们现在拥有的技能几乎全部是后天习得的。

14. 3 个工作法，1 天顶 10 天

前面我讲过：业绩 < 工作节奏 < 情绪 / 信仰，但谁都难免有情绪不高的时候，明明有一大堆事儿，而且都挺重要的，但偏偏啥都不想干，只想“躺平”；明明有几位客户早就该拜访了，但就是拖着不想去见；明明今天的热点很适合写一篇保险普及文章，但就是懒着不想写。怎么办呢？下面分享 3 个工作法。

（1）15 分钟工作法。

有时候，我们不在工作状态，是因为对有些工作很抵触，不想干。但是，越拖延越焦虑，越焦虑越难开始干，恶性循环。我总结的解决办法，最初不叫 15 分钟法，而叫 5 分钟法，是用在我家闺女身上的。她 4 岁半开始学认字，有一次我们母女之间发生了激烈冲突，直到现在她还经常说：“我妈妈打过我。”因为她对认字很抵触，心不在焉，两个小时都记不住 4 个字。后来，我用 5 分钟法解决了，买了个计时器，跟孩子说：“计时 5 分钟，在这 5 分钟之内你好好认字，闹铃一响，我立马给你下课，绝不拖延，你没学会也让你下课。”闹铃一响，我真的立马

停止。孩子觉得有了盼头，只要坚持满 5 分钟就可以下课，于是放下了抵触，很认真地跟着学。我安慰自己说，5 分钟认真学，总比 50 分钟一直心不在焉强。没想到这个办法效果特别好。每天不必太久，只要坚持 5 分钟。后来孩子坐得住了，就从 5 分钟延长到 10 分钟、15 分钟，不到一年时间就学会了 800 多个汉字。

5 分钟法的意思，就是对于比较难的事儿，少量多次地干，最终一定能完成。5 分钟对孩子来说还好，对大人来说就有点短了，所以最开始我对自己使用的是 15 分钟法。比如，以前在银行工作时，我很抵触写全年工作计划，觉得假大空，没有意义。我就用 15 分钟法来完成这件事儿。提前算计好,我可能要用 3 个小时完成,分解成 12 个 15 分钟，每次就干 15 分钟，到点就给自己下课。每天拉着进度往前走一点，既不会因为拖延而焦虑，又不会有心理压力。结果就是，我通常会比其他同事早一周写完全年工作计划。

在执行过程中常常会发现，当坚持满 15 分钟的时候，已经找到了状态，可能还能再坚持一个 15 分钟。我们人类的大脑，就像一个小孩，需要一些刺激和奖励才能积极向上。用 15 分钟的闹表来诱惑它，让它愿意干点正事儿。随着耐受力增强，现在我已经可以把 15 分钟延长到 1 个小时，现在也可以叫作 1 小时法。莎士比亚说:“锲而不舍，时间会成全一切。”这句话跟中国古语说的“水滴石穿”是一个意思。我认为 15 分钟法就是利用了水滴石穿的原理。

跟 15 分钟法同理的，是任务拆解法。如果一件事确实需要花很多时间，可以把它拆成很多部分。如果每个部分还觉得难，就继续拆解，拆到每一部分都很简单为止。比如说，你要写一篇很长的文章，把它拆解成标题、开头、第一部分标题、第一部分论点、第一部分论据、第一部分案例……，只要你愿意，拆多细都行，不要给自己下命令都完成，只完成标题和开头，或者如果你手头上就有第二部分的案例，先完成这一块儿也可以。总之，就是从大脑认为简单的事儿开始做起。不急于一次完成多大工作量，但保证每天都做一会儿。

（2）灌水桶工作法。

快速成长没有什么捷径，就是在重要的事情上投入足够多的时间而已。这是我做保险第一年使用的工作方法，目的是确保投入足够多的时间到工作中，并且投入时间到重要的事项里。这个方法是从《奇特的一生》这本书中的主角柳比歇夫那里学来的。

柳比歇夫是一位昆虫学家，也是一位老师。他一生出版了 70 多部学术著作，内容涵盖昆虫学、数学、文学、艺术等方面。平均每年出版 1.5 本书，你是不是以为他“三更灯火五更鸡”呢？不，其实他每天的工作时间平均下来就是 4 小时。有些人也许不信，我每天工作 8 小时都干不完工作，怎么可能又当老师又出书，还每天只有 4 小时工作时间呢？答案就是：这 4 小时是“纯”工作时间。不掺杂刷手机、聊天、吃饭、上厕所等这些杂事儿的、纯粹的科学研究时间。柳比歇夫在 26 岁时创立了时间统计法，把全身心投入到科研工作中的时间记录下来，比如 13:10—14:00，阅读某书。他从 26 岁之后的 56 年坚持使用时间统计法，不曾有一天休息，每天坚持投入 4 小时以上的时间到科学研究中，才有了 70 多部著作的高产。所以，如果按照我们现在的“工作时间”标准来看，柳比歇夫每天的工作时长远远超过 4 小时，因为他除了科研，还要讲课、开会。

柳比歇夫奇特的一生给我一个重大启示：我们要想有所成就，就必须关注在重要目标上投入的时间。以保险这份工作为例，什么是最重要的目标呢？我认为是：成为专家，吸引客户，解决客户问题。相应地，学习知识、输出知识、客户服务就成为最重要的工作事项。在这 3 件事上，我必须花费足够多的时间才能有结果。可将这 3 件事比作 3 个水桶，我每天要做的就是往这 3 个水桶里分别灌水（时间）。我有一张记录时间的 EXCEL 表格，3 个小表（学习输入、内容输出、客户服务）分别代表这 3 个水桶，每天一坐下来工作就打开表格，把每件事对应的工作时长分别记录到表格里去。一天下来做个汇总，就知道这一天在保险这份工作上投入了多少时间，其中多少时间投入到了客户服务中，多少时间投入到学习输入和内容输出上。2020 年，我平均每天的纯工作时间都在 7 小时以上，而且这 7 小时都是花在真正重要的事情上。3 个水桶都灌了，没有“偏科”，是足够多的时间投入和足够专注的状态，保证了我快速成长。

灌水桶是一种思维，表格只是形式，只是约束手段。现在我已经不再依赖时间记录表，因为已经形成了稳定的工作节奏，不记录时间，也能确保投入足够多的时间，专注于重要工作。但当我做一些重要项目，比如写这本书时，还是会记录时间，这是为了确保有足够的时间投入，更重要的是通过记录表，看到自己已经投入了多少时间，写了多少字。能获得正反馈，会激励大脑继续前进。

（3）茶馆工作法。

茶馆工作法，也可以叫它“咖啡馆工作法”“自习室工作法”，是指为完成某项工作找一个特定环境，专门用来完成它。我一般会在茶馆写文章，在公司处理客户的咨询，为客户制定保障方案。因为我默认茶馆就是用来写文章的，所以我一进入茶馆，大脑就很顺从地产生应激反应，调整到写文章模式。因此，如果为某一件特别难的事情规定了一个专门的地点，要启动这件事情，只要来到这个地点就可以了。

再如，我 2021 年决定写《保险应该这样买》这本书时，第一次写书，觉得是一个非常艰巨的任务，就专门找了家酒店“闭关”，目标很明确，住酒店的目的就是写书，其他事情尽量等我从酒店出去再安排，困了就睡，醒了就坐到书桌前写作，100% 专注。在酒店住了 8 天，我写了 7 万字。写完了这本书的第二章、第三章、第四章，奠定了主要基础，从酒店退房时，我神清气爽。本书 70% 以上的内容，也是我在一家民宿“闭关”完成的。

第五章

2 年顶 10 年，我学到的 7 个高效成长法则

承认自己不行，不是放弃努力，而是允许自己现在不行，但对将来自己能行充满希望，相信自己一定能学会、练会做好保险所需的各种技能。

1. 想成事儿，先承认自己不行

记得 2015 年我在银行被提拔为团队主管，和前任主管交接工作之前，她嘱咐我说："以后咱们就并肩作战了，当主管收入提升了，你要记得感恩领导，没有领导认可就没有提拔机会。"我诺诺地答应着，可心里想的是：我不配。我本来只是团队一员，只负责写报告这一项工作而已，可现在要带着一个团队，团队里很多工作，比如迎来送往、安排会务、组织文艺表演……这些都是我这个农村孩子很不擅长的。历任主管都是见过世面的人，我觉得我会成为这个团队历史上最差的主管，愧对银行发给我的工资。

所以，刚上任的时候，我好几次给领导发微信说自己能力不够，有些工作不如前任主管做得好。可你知道吗？两年后，很多别的团队遇到迎来送往、安排会务这些事儿，都会先来问我了；很多需要和其他部门沟通协作的事儿，我都做得左右逢源了。我一直觉得自己不行，因此遇到什么事儿都像《士兵突击》里的许三多那样，“当成一根稻草牢牢抓着”，经过两年的锻炼，不敢说长成了大树，最起码已经成了工作上的熟手。那是我在银行工作期间进步最大的两年，回顾这段经历，我认为“承认自己不行”是一个很好的开端。

做保险销售的很多朋友，放弃了原本不错的工作，来到这个没有底薪的行业，从零开始，承认自己在新的领域没有经验，认识到自己的弱项，积极学习改进，本是显而易见的道理。可实际行动中，我看到很多人不像是来做事的，反倒像是来“秀优秀”的，包括我最开始的时候也是这样。虽然嘴里说着“我不擅长……”其实，我心里根本就没认为自己是个学生，应该听课、学习，然后课下练习。

前面我已经讲过这些，还要在此重提，绝不是为了凑字数，而是这么浅显的道理，很多人根本就没有意识到。刚上一年级的小学生，会跟六年级学生比较，焦虑自己算不好一元二次方程吗？但保险行业里很多人会，因为他们还沉浸在过去自己的优秀之中，不愿意承认自己需要沉下心来，一级一级往上学。为什么我想不到要跟客户这么聊？为什么我写自媒体文章这么慢？为什么我发不好朋友圈？为什么我不能一入职就赚到 10 万元月收入？有的话说出口了，有的话在心里盘旋。

不会做是正常的呀，着眼于这个“不会”的结果自怨自艾，真是一点意义都没有。这些心态我都有过，后来我放下了，因为我想起了 2015 年—2017 年我是怎么成长的。承认自己不行，允许全部门 100

多号人都看到我怯场的样子（其实想多了，谁有空看你啊）。但夜深人静时，我会狠狠地努力，不让领导觉得提拔我是个错误。

世界这么大，天才没几个，你凭什么要求自己刚到一个新赛道，就能风驰电掣呢？到底是太自大，还是瞧不起保险销售这个职业？我第一次跟客户沟通之前，李彦鹏总监指着我准备了两天的沟通内容，批得体无完肤。明明我已经尽力了，而且在我看来已经很好了啊，为什么他说啥都不是呢？现在我再看那份材料，感觉当时的负面情绪真是可笑。你一个外行人，使尽吃奶的力气也做不好，不是很正常吗？既然刚开始，就做个车技拙劣的车手吧，但是要把所有时间都用在练习上，一点一点地去拙，等拙气全部退去，你就蜕变成了吸金车手。

承认自己不行不是放弃努力，而是允许自己现在不行，但对将来自己能行充满希望，相信自己一定能学会、练会做好保险所需的各种技能。

2. 你的业绩不是你，收入也不是

我在银行工作时，曾把那份工作、那个职务看得很重，觉得如果离开银行，我什么都不是。后来，我读了《极简主义》后认识到，其实这就是身份、地位、金钱枷锁，让人失去成长意愿。于是，我从银行走出来了，我以为我已经摆脱了这些身外之物给我带来的束缚，其实没有。进入保险行业后，做得还不错，拿了不少奖，也获得了不少称赞，还赚到了不错的收入，不知不觉中，这些也成为枷锁。

2021 年年初，我决定写《保险应该这样买》这本书。你知道这个念头闪过时，除了兴奋还有什么吗？恐惧。我害怕写书耽误做业务，导致业绩下降，惹人耻笑。一个季度不做业务，我绝不至于没钱生活，或发不出助理工资，没什么好担心的，我在意的是维持不了“绩优”形象，担心上不了业绩荣誉榜，害怕同事心中那个“非常努力”“业绩很好”的尹娜，变成只是“非常努力”的尹娜。但我很庆幸，自己克服了恐惧，把书写完了。出版社通知我已交付印刷那天，我非常矫揉造作地跟老公贫嘴：“你说人这辈子，活着图个什么呢？”我想明白了一个道理：业绩代表不了我，收入也不能，唯有做过的事才能代表我。这本书会帮助很多想系统了解保险的人，包括保险消费者和行业新人，这比维持什么绩优形象重要多了。能够真正定义我的，是我帮助过哪些人。

听起来很简单的道理，我花了一年多才认识到，在此之前我甚至不知道自己背上了多么沉重的包袱。我们都需要赚钱，但这笔钱是给自己赚的，不是给别人，我们做业务不是为了成为别人心目中的某某某。现在，我给组员做目标规划时，会尽量不单纯从达成 MDRT、COT、TOT 这些外界标准的角度出发，而是向内寻找，先聊他对生活的规划，聊聊他的孩子、房子、生活支出，或者他对初步财富自由的定义，再去做目标规划，目的就是希望他知道，我们努力工作不是为了成为某个标签，而是为了成为更好的自己。如果这两者能够统一，就会勇往无前地去做。如果突然有一天你发现两者不统一了，别纠结，个人成长才是底层和核心逻辑。

你做成了什么事儿才能代表你，说得更直白一点，是你怎么使用你的时间，才决定了你是谁。我读高中时发生过这样一个故事：高二上学期，我发现对于文科生而言，决定总分的关键科目是数学，我数学成绩没有绝对优势，于是决定拿出一学期的时间，把数学基础夯实。但这很难，我们学校实行军事化管理，连自习时间都被安排得满满当当，自己几乎做不了主。我用了很极端的做法，高考科目（语文、外语、史地政）只听课，不写作业，非高考科目（理化生）连课都不听，也就是在数学以外的科目中只保持最低限度的投入，所有时间都用来做数学题，我坚信花了时间就一定会有成果。可我压力很大，学校每个月考一次试，4 次考试，分别获得第一名、第三名、第五名、第六名，总分排名逐次下滑。语文老师看到我在语文自习课上做数学题，脸都黑了。有同学转述某位老师的评价说："尹娜的成绩很危险。"负面声音很多，但我没理会，继续"一条道走到黑"，更加拼命地学数学，不敢浪费一分钟。过完高二寒假，我恢复到正常状态后，数学这块压在总分上的大石头终于搬走了，我再也没失去过总分第一的位置。这是我高中阶段一次小小的成功，放下所谓的面子，克服心魔，自主决定把时间放在哪儿，来成就更好的自己。

所以，一切外在的东西都不是你，包括收入在内，因为只有你自己，才是最宝贵的财富。“自己”这个词又太宽泛了，具体来说，就是你的时间花在哪里，这才是你。当你决定把工作时间都花在保险销售这个工作上，你就是保险销售员，否则，即便你在某家保险公司或保险经纪公司入职，你也不是保险销售员。当你决定把一部分时间花在自媒体写作上，你就是一个自媒体作者。关注自己，关注应该聚焦的事情，关注时间使用效率，当这一切都做好了，业绩和收入也会跟着来的，或许会晚一点，但不会缺席。

3. 赚能力的钱不难，赚情绪的钱很难

我在银行工作时，收入提升对我来说曾经感觉非常遥远，不管是内部晋升还是跳槽，三五年内不可能突破。转型做保险后，第一年就做到了。我常常在想，是保险行业的钱好赚吗？肯定不是啊，这个行业月平均收入也就是四五千元。那是我在银行不够努力吗？也不是啊，我曾是部门加班最多的人，没有之一。我现在的工作强度，在很多其他同事眼里，都是拼命三娘模式了，可对比我在银行时，其实差远了。一个在银行，一个做保险，同样都很努力，为什么收入会有差距呢？根源上我认为是在保险行业我赚了两种钱，而在银行

只赚了一种。

在银行，我赚的是“能力”钱，而做保险后，我赚的是“能力”钱+“情绪”钱。刚毕业的大学生，能进入银行这样的大型央企，在同龄人中算是能力很不错的了，这个能力的价值，企业已经给了定价，大约就是 20 万元～30 万元。再过五六年，30 来岁（我 29 岁提拔为副主管，当时已经比同龄人领先了），提拔一级，基层管理者收入增长到 40 万元～50 万元。再过几年，三十几岁，四十来岁，如果比较幸运，提拔为中层管理者，进入百万元年薪行列。我在银行的最后两年，总是怨天尤人，觉得能力、付出、收入、职位不匹配。现在回过头来看，其实我所获得的，就是对能力的定价，并没有吃亏。而做保险后所赚的，有这部分“能力”钱，比如做保险销售，这是对综合能力的考察，掌握专业知识、拓客、营销、服务……但还有一部分（超过银行工资的部分）是情绪的钱。因为保险销售没有底薪，工作不像银行稳定，福利也不如银行健全，身在其中的人容易焦虑，身在其外的人一想就很恐惧，多赚的这部分钱，更像是“深入险境”摘到的果实：敢来、敢做，能克服焦虑。做保险后我经历过很多焦虑和困难，但我扛过来了，伴随着这些困难一一解决，收入也增长了。

千万别以为有能力就该多赚钱，有能力的人很多，市场供应还是比较充足的。相比没能力的人，有能力的人或许能多赚 10 万元、20 万元，但不会很多。情绪的钱才难赚，情绪稳定、能持续克服焦虑的人不多，这才值钱。

如此说来，我们做保险销售，当你感知到自己情绪低落时，就该知道赚钱的机会来了，因为你能克服焦虑，能熬过情绪低落期，就能领先很多人，就必定能够得到相应的回报。

4. 除非你想要，否则不配得到

以前在银行工作，每年的工作目标是领导给的，工作计划都是在领导要求下做的，做计划时很认真，那是为了在领导面前得到好评。但后面是否按原本的计划完成，我说了不算，要看部门整体发展形势，要听领导安排，我对这个目标并不真正负责。

转入保险行业后，每年年初李彦鹏总监都指导我定目标、做计划，最开始我不太在意，觉得不过是“画饼”激励斗志罢了。第一年，虽然结果超过我们定的目标，但我还没有感受到定目标的重要意义。第二年，我开始每个月甚至每周都想着年初定的目标。当我提前 3 个月达成全年目标时，才深刻感受到目标对工作的重要意义。以我这样薄弱的人脉基础而言，能在保险这个月均收入只有四五千元的行业，实现收入增长，该有多难？毫无疑问，提前规划好努力方向起到了非常重要的作用。

在第一章我说过，好教练善于帮你制定目标，做好规划，而目标的实现，要具体到个人。能不能达成目标，虽然取决于多方面的因素，但必定要有一个重要的认知：想要。除非你想要，否则不配得到，即便得到了，也多是运气的成分。教练帮助定了目标，但你是像我最开始一样，认为只是走个过场，不过是教练激发斗志的一种方式，还是像我第二年一样，真的把它放到心里，时时刻刻惦记着，不到最后一刻不敢丝毫放松？除非你认为这个目标必须实现，否则它实现的概率很低。

现在给组员做目标规划，我喜欢先问他在生活中的目标是什么，就是希望找到他极为渴望的东西，比如他想换房子，或给孩子存一笔钱，或存一笔退休基金，再把这个目标和工作联系起来，据此制定目标规划。这样做出来的目标，要比单纯根据他的具体情况，“帮”他定一个目标来得更深入人心，更有可能被实现。

记住：年初定完目标之后，花一周时间，千百次问自己，这个目标定到我心里了吗？我愿意为了这个目标“赴汤蹈火”吗？这样就不会在遇到困难时第一时间当逃兵，目标实现的概率能提升一倍。相信我，定个目标，然后花一年亲手实现它，那种感觉真的棒极了！

5. 别赢了收益，输了本金

我有一位朋友，在事业单位工作，年收入三四十万元，没有多少上升空间了，所以做了个小副业。有一次见面，我问她：“你都在什么时间做副业？”她说：“也没什么时间，上班时间做副业觉得对不起单位，下班回到家有俩孩子要照顾，只能等孩子睡着了，自己再爬起来。”我很严肃地说了她几句：“副业能挣多少钱？一年几十万元到头了，这些不过是收益，可你现在过度透支自己的身体，是拿本金冒险啊。”

我很理解她为了突破发展瓶颈，不得不去开拓副业，而家庭经济压力使她不敢辞去主业工作，专心做她认为更有前途的副业。但工作对我们而言，始终都是收益部分，身体才是本金。如果一个人年收入 40 万元，身体的经济价值就是 800 万元，40 万元的年收入不过是 800 万元本金产生的 5% 收益罢了。你愿意为了 40 万元收益，把 800 万元本金投资到一个风险极大的 P2P 里吗？当然，我这位朋友买了保险，重疾险、寿险都有，可保险只能弥补经济上的损失，如果真的有大风险，孩子们失去母亲该怎么补偿呢？

（1）第一对本金和收益：身体是本金，收入是收益

身体是本金，收入是收益，这是第一对本金和收益。不管我们做什么工作，不能拿身体冒险，那不是什么感人的勤奋，而是对家人不负责任。

（2）第二对本金和收益：客户关系和业绩

不少客户跟我说过这样的故事：某某保险业务员，以求人情、狗皮膏药等方式“强迫”客户买保险。在我看来，这就是典型的杀鸡取卵式展业。客户关系是本金，业绩不过是收益。你能强迫客户买一次、买两次，能长期强迫人家买吗？伤了客户关系的根本，客户以后连“保险”两个字都不敢跟你提了。想要稳妥的高收益，不能靠承担高风险，而应该在扩大本金规模上想办法。一是客户数量，要和更多客户建立商业关系；二是客户关系深度，通过专业度、客户服务等方式，加深和客户之间的密切程度。本金多了，收益自然就上去了。得到 CEO 脱不花在《沟通的方法》这本书中说：“沟通是一场‘无限游戏’，具体的沟通事项可能会结束，但沟通高手能让双方关系持续发展下去。”保险销售不就是沟通吗？客户关系持续发展下去才是我们最终的目标，业绩只是这段关系发展过程中偶尔结下的果子，只要树还在，总有结果的那一天，急什么呢？

（3）第三对本金和收益：个人成长和业绩结果

这是我从业第三年才悟到的。这一年，教培行业发生了大地震，很多人在恐慌迷茫中谋求转型。我突然想到：如果有一天保险行业也不需

要我们这些业务员了，我会不会也很恐慌？我竟惊奇地发现：不会。有一次，我去某家银行给理财经理分享时，那位副行长说："我觉得尹娜老师什么都能卖好。"在疯狂攻克保险这份工作的过程中，我竟然不知不觉间对销售工作有了自信和掌控感。这种个人能力的成长，才是终身职业的保障。

我不赞同大家总是宣传"保险是终身职业"，我始终非常看好保险行业，但毕竟没有什么工作能保证万年不衰，不要用"做一辈子保险"去骗客户，也不要自欺欺人。我们最多能做到的是：只要保险销售这份工作还在，我愿意长期做下去。

扯远了，说回来，这份工作所能给我们的，绝不是也不应该只是收入，更重要的是获取收入的能力。比能力更重要的，是对自我进化的自信心。信心 > 能力 > 收入，前两者是本金，后者是收益。做保险销售这两年，每年我都解决了一些新问题：2019 年，我克服了害怕被拒绝的心理障碍；2020 年，我在自媒体和销售技巧上有了很大进步；2021 年，我通过写书建立了专家形象，对行业的本质规律有了深刻认知。不是凡尔赛，我认为这些比收入和业绩都重要多了，也是对比原来在银行的工作，让我觉得最有优势的地方。以前在银行工作时，我经常觉得自己一直在被掏空，几乎没有什么补给，虽然收入一直都是那么多，但越来越不自信。

本金规模持续扩大，收益增长是必然的，只是早晚而已。或许，最近一个月你花了很多时间学习自媒体，但业绩不升反降。就像我 2021

年花了两个月写书，看似是在扩大本金规模，却并没有快速地带来业绩提升。本金和收益的关系，本来就不是立竿见影的，而是长期的。

分清本金和收益，多在本金规模上下功夫，少在短期收益上耗费心力。

6. 财富自由，不是做保险的终极目标

很多人抱着赚钱的想法来到这个行业，也有人宣传保险行业是个时间自由的行业，我转型之前也很看重这两点。现在从业两年多了，我收入有提升，也偶尔在工作日去看电影，享受包场的感觉，这是保险行业时间自由的馈赠。但我想说，财富自由，时间自由，这些都不应该是做保险的终极目标。说点矫情的话，我认为终极目标应该是人性自由，全面解放自我。虽然到目前为止，我一个都没实现，但可以跟大家分享一下这个美好的目标。

（1）时间自由，这是最初级的。

我们来到保险行业，不管你挣没挣到钱，最起码时间上已经自由了，当然，这也是一个大陷阱。我转型之前，看李彦鹏总监发朋友圈说在火车站工作，羡慕不已，因为银行的风险管控非常严格，我连周末加班都要去单位才能干活儿。可转型之后我才发现，在火车站工作的保

险销售太少了，有些人原来在企业兢兢业业上班，可一旦转型做保险，早上再也起不来了，一觉能睡到中午。不自律的自由是一种伤害。只有能掌控时间、利用好时间的人，才算是得到了时间自由。做保险两年多，我在机场、医院、饭馆、火车上都工作过。直到现在，为了不浪费等人、排队的时间，我背包里随身携带一本书和一台笔记本电脑。我很感谢这份工作，让我享受到了时间的馈赠。时间自由，可以说我已经勉强实现了。

（2）身体自由，知易行难。

我们都知道身体重要，做保险的人尤其如此。要说以前在银行工作时，常以没时间为借口不锻炼，做保险之后，可就没这个借口了，因为时间是自由的，就看你怎么安排了。锻炼身体真是知易行难的一件事儿，这两年我一直说要健身，一直没有形成稳定规律，但锻炼次数在增加。尤其是有了实现终极自由的目标之后，身体健康的重要性就凸显出来了。毕竟没有好身体，什么自由都不可能有。就算赚了再多钱，有再多时间，只能躺在病床上等别人喂饭，还有什么生活质量可言呢？

（3）选择自由，有了一些难度。

在以前的工作中，除非跳槽，否则我选择不了领导、同事，而现在我有了一点点自由。以前在银行跟同事之间多多少少会有点儿摩擦，做保险之后，几乎不会在这方面耗费心力了。我很庆幸辉煌团队氛围很好，虽然大家或多或少都有竞争关系，但相互之间从来都是无私分享和帮助、支持的。如果真有不合拍的同事，接触不是必选项，所以还算有的选。我们平时接触更多的是客户，而客户是可以选择的。如果他不是你的目标客户类型，放弃就好了，把时间花在更合适的客户身上。当然，这有一点点难度，因为我们毕竟是要赚钱吃饭的，放弃客户就相当于放弃了收入，所以我们必须在拓客上多努力，才能拥有选择客户的自由。

（4）人际关系自由，还要持续努力。

很多鸡汤学会教我们：不要在无效社交上浪费时间，没必要取悦于不喜欢你的人，等等。这些我都认可，但人际关系自由的本质不该是“逃避”，而是“解决”。可以不在无效社交上浪费时间，那如何多创造有效社交？不取悦于不喜欢你的人，那如何让更多人认可你的价值，愿意和你链接？我转型做保险时，微信好友只有 680 人，680 人也能做到 TOT，这是炫耀吗？不，其实应该反思，为什么一个人已经大学毕业 10 年了，微信好友只有 680 人呢？这说明在人际关系经营上完全没花心思，这是不正常的。人是社会动物，如果一份工作让你变成孤岛，早就应该辞职了。而保险这份工作，在改善人际关系上的第一个优势，就是让我认识到人际关系的重要性。再复习一下前面说的第四个道理，即“除非你想要，否则不配得到”。除非你认为人际关系很重要，并且想拥有和谐、广泛、优质的人际关系，否则你不可能在这上面花心思。转型保险两年多，微信好友从 680 人增加到了 4000 余人，虽然还没有做得很好，但会持续努力。

（5）财富自由，看似难，实则没那么难。

财富自由就是财富增值带来的收益（被动收入）可以满足生活需求（消费支出）。我看过很多这方面的著作，如《穷爸爸富爸爸》《钱：七步创造终身收入》等，总结起来有两点：一是增加收入，从而增加储蓄；二是认真投资。保险销售这份工作让我们在这两件事上都更有可为。

第一，增加收入，增加储蓄。

原来在银行工作时，增加收入这一步就难倒我了，后台工作的收入不可能增加，除非升职，而升职又很难。所以，我只能按照一个不变的收入规划未来二三十年。而销售性质的工作，特别是保险这种完全没有底薪的销售工作，是望不到头的，有人说它“上不封顶”（实际上，因为人的精力有限，收入也是有上限的）。如果掌握了基本规律，也能持续付出，收入增长是可以预期的。因此，很多做保险销售的人都跟打了鸡血一样，或许有的公司善于激励员工，但我觉得更多地是因为人有盼头。

当然，收入增加不一定意味着储蓄增加。我给组员做规划时，都会跟他们提到“克制消费欲望”这个问题。人的欲望是无限的，有些年入上千万元甚至上亿元的大明星，因为无节制的挥霍，最后都破产了。我们普通人更要合理控制消费欲，财富自由才能可期。

第二，认真投资。

保险本来就是一种金融工具，其中的储蓄型保险，如年金保险、增额终身寿险，都是帮客户解决长期资金打理问题的，这本就是我们保险销售员应该研究的专业领域。

关于财富自由这件事儿，保险业务员因为工作性质的关系，有点近水楼台先得月的优势。不过，不是所有保险业务员都能实现财富自由，甚至大部分都不能，就看有没有这方面的意识，以及愿不愿意为此努力。初步的财富自由，是很多普通人（包括保险业务员在内）都能努力够到的。

（6）心灵自由，这是最难的，也是最高境界的自由。

心理学经典《活出生命的意义》的作者，著名的奥地利心理学家维克多·弗兰克尔，他和家人在二战期间被抓进纳粹集中营，在集中营度过了 3 年非人的生活，父母和妻子先后死于集中营，而他靠着强大的意志力幸运地存活下来，最终被美国陆军解救。弗兰克尔将自己的经历总结为一句话，即“面对任何现有的环境和条件，选择自己的观点，是人所有自由中的最高自由”。他进一步解释说：“除了我自己，没有任何人能控制我的内心世界。他们可以殴打我，残害我的家人，但我的思想属于我自己。我有力量决定我自己如何评判所有这一切。”

以前，我以为财富自由就意味着无忧无虑的快乐生活，可现在不这么想了。有钱只是不用忧虑钱能解决的问题，并不是绝对的快乐。每个人生来都有喜怒哀乐，负面情绪也是人之常情，有钱人也会面临生活中的挫折、失败、生病、失去亲人等问题。快乐、开心，这些积极情绪是不需要驾驭和征服的，而焦虑、悲伤、沮丧、恐惧，这些负面情绪则需要相当强的自制力，体验它、忍耐它、征服它是一种本领。

只有具备了这种本领，才获得了人性中最后的自由。我原本就是个容易焦虑的人，做保险销售之后更加严重。当业绩经历低谷时，会焦虑下一阶段的业绩。当身体有点小问题时，因为看了太多风险，会放大恐惧情绪。现在，心灵自由比财富自由更令我向往，而相比其他工作，保险销售给我们提供了更多磨炼心性的机会。如果一个人能克服甚至享受焦虑和恐惧，那么在面对任何苦难时，他都一定能比其他人更平静地应对。

从业两年多，我认识到以上这 6 种自由的必要性，接下来的时间，还会继续努力追寻。

7. 想要别人不抛弃，你要自己不放弃

2006 年有部军旅题材的电视剧叫《士兵突击》，王宝强饰演的许三多，有幸进入了全团最优秀的钢七连。钢七连的团队文化就是“不抛弃、不放弃”，这个连里个个都是不服输的钢铁硬汉。不抛弃战友，不放弃目标，这是整部 30 集电视剧要传达的精髓。真的是不抛弃战友吗？其实不是。

许三多就被钢七连抛弃过。他本来刚一入伍就进了钢七连，但从连长到班长，没有一个人看得上他。等到新兵训练结束，他就被七连

迫不及待地甩出去了，分到荒郊野岭的三连五班。后来，他在荒郊野岭修了一条路，引起了团长的重视，觉得这个兵有一股不放弃的精神，把他又送到了钢七连。钢七连不抛弃了吗？没有。当时，连长就表示抗议，他说许三多不算个兵，他坐坦克会晕车，听到炮声吓得捂耳朵……“孬兵”“不配”，这是从上到下给他的评价。他所在的班，本来是全连最好的班，因为他来了，竞赛成绩排倒第一，除了班长，所有人都希望他主动离开。所幸班长不想抛弃他，但被逼到最后，班长也对着他大吼：“你再不争气，就要把我拖死啦。”最后，他没有离开钢七连，还成了钢七连最好的兵，有班长的培养，有战友们的鼓励，当然最重要的，还是他自己的努力。

不抛弃、不放弃，这不是个绝对概念，是相辅相成的。只有自己不放弃、能争气的人，才是集体不抛弃的对象。保险销售，相比很多其他工作而言，是很残酷的，因为没有底薪，它不给任何人提供偷安怠惰的土壤。正因为残酷，抱团就很重要，所以大家都属于某一支团队，需要借助团队的力量、氛围，为个人成长助力。

如果哪个团队长跟你说：“我们团队不抛弃任何一个组员。”不要信他，优秀如钢七连这样的军事团队都做不到这一点。正因为要保持团队战斗力，所以他们会对战士进行筛选，即便被强行安排进来一个弱者（许三多），他们第一时间想到的也是摆脱。想在一个优秀的集体里站稳脚跟，增强个人实力才是根本，最起码要让人看到你的努力。许三多的资质实在是差，但最后能留下来，得益于坚持不懈的努力。成千上万次的练习，他始终保持每天跑一万两千米的习惯，始终严格遵守各项纪律，甚至在别人看来非常微小、无须在意的卫生纪律，他也一丝不苟。这样的兵，尽管资质差，仍然赢得了大家的认可，战友们从讨厌他转而帮助他，教他训练方法。自助者方有人助之，做保险销售，就要克服“等靠要”思想（这是失败者心态）。除了要选个好团队、好教练，还要做一个别人愿意给、愿意帮的人。

任何一支队伍，如果把精力都花在“拉后进”上，是不可能快速前进的。我见过一些人，做不好业务，怪市场变化，怪经济形势，怪公司，怪团队长，这样的人不值得同情，更不值得帮助。如果我们自己恰好不幸在某方面成了“后进”，记住，先自己拉自己，把努力的劲头拿出来。如果恰巧又有个愿意培养人的教练，你自然不会被抛弃的。

跋

1. 尹娜其人

2019 年 10 月入行，当年 3 个月时间达成 MDRT，2020 年、2021 年蝉联两届 TOT，连续入围保险名家，2022 年截至我写这篇跋的时候，她已经达成第三次 TOT 了。

受迫于职业瓶颈，白板转型入行保险业，微信好友只有 680 个，却在 3 年不到的时间，能达成一届 MDRT 会员、三届 TOT 会员，这在业内应该算是一个不大不小的传奇了。

在我近 13 年的保险生涯中，尹娜是我见过的成长最快的保险顾问，在我所认识的保险同业中，也是最优秀、最成功的保险顾问之一。当然，这类荣誉或头衔，或许已经不是她现在所追求的了。

2014 年，我和尹娜相识，在那一年我成了她们家的保险顾问。2019 年，尹娜转型保险经纪人，我们成了同事，亦师亦友。

亦师，是互为老师。

在保险学习和顾问行销方面，我曾给过她一些经验分享；而她自律专注的行事风格、专注深耕的职业态度，也给我和团队很大影响。

她常年保持着早睡早起的“老人式作息”，晚上 10 点左右休息，早上 5 点多起床，陪女儿读完英语、弹完钢琴，再去上班。

她还一直保持着阅读和健身的习惯，在高节奏的保险工作中，每年还能读几十本书，并每周去健身，这是我不能想象的事情，我每年读 10 本书都觉得不容易。

保险工作中，她常常会把学习资料打印出来，随身携带，以便自己随时随地查看和学习。跟客户沟通前后、参加培训（或听课或讲课）前后，也一直保持着做准备、做复盘的习惯，到现在都是。

她还是一个乐于分享的人，团队或公司每次邀请讲课，她都从不推辞，每次培训和分享也都广受好评；公众号有 300 余篇原创文章，更是汇集了她很多的知识分享、经验分享、认知分享等。

我想，这些也都是她在 2021 年达成 TOT 的同时，还能写出两本保险书籍的原因。

因为出众的能力、热情开朗的性格，以及出色的业绩表现，小伙伴们都称呼她为“娜神”。有的小伙伴还发明了一个词叫“尹里尹气”，来形容讲话时很谦虚（凡尔赛）的尹娜。

亦友，是朋友也是战友。

尹娜对保险的功能是真正的认可，她觉得保险是互助助人的最佳方式，基于这样的价值观，我们也有了更多交集。除了自己家买保险，尹娜还不断介绍同事朋友找我咨询，我曾就此提出想送她一份礼物，聊表谢意，被她拒绝了。

她跟我说："我把同事和朋友介绍给你，首先是我觉得保险很好、很有必要，我希望他们也都能配置上，同时，也是觉得你很专业，可以托付，所以才介绍给你的。如果你送我礼物，我会觉得这种介绍会有些变味儿，好像自己是因为利益才推荐他们买保险的。"

"不过呢，"她转而又说，"你可以请我吃饭。"刚说完，她自己就先哈哈大笑起来。

于是，我们就一起吃了火锅。饭间，我坚持把一个纪念章送给了她，只说是公司发的一个纪念品，她带回家之后才知道是公司发我的5周年长期服务纪念品，一个银质奖章，同时也觉得纪念意义蛮大的，就要返还给我，不过这次是被我拒绝了。

在自己保险生涯的成长路上，能遇见这样的天使客户，我至今都觉得是非常幸运的事。

再后来，尹娜转型到保险经纪赛道，从专业学习到复盘总结，从工作规划到事业理想，从生活琐事到人生的意义，我和尹娜及团队其他伙伴，都一起经历过很多、畅谈过很多、相互帮助过很多，彼此也在这个过程中获益良多，得到许多前行的支撑和能量。这些内容，尹娜在书中多有提及，此处不再赘述。

近8年的交往和共事，我想用几个很美好的短语来描述对尹娜的印象：

善良且正直，热情又理性，智慧且果敢，自律又洒脱。

如果让我找几个影视剧形象来给大家参考，我会想到《安家》里努力有担当的房似锦，《三十而已》里敏慧干练的顾佳，《我的前半生》里步入职场后认真努力的罗子君，《那年花开月正圆》里通透大气的周莹。

看到这段内容，她大概会一边开心笑着，一边跟我说“老大，求求你，能不能别这么写，我太有压力了”。

但她也知道，这并不是我一个人对她的评价。有 VIP 客户在签完保单后说：“尹娜是我可以托孤的人。”我们团队有伙伴达成 COT 会员时说：“娜姐像灯塔一样，因为有娜姐在，让你知道自己多努力都是不够的，和这样优秀的人共事实在很幸运。”明亚某资深总监在听完她的早会后说：“以后都不敢讲早会了，水平太高。”她的直辖团队长陈辉煌说：“娜姐很大程度上督促和激励了我的成长。”

我非常开心和有幸接受“娜神”的邀请，来为她的书写跋。

那就说回到尹娜的这本书，这是她的第二本保险类书籍，上一本是写给客户的，这一本是写给保险从业者的。她嘱我做跋，看过她书里的内容之后，我想和读者说 3 个关键词：赛道赋能、高才低配、认知失能。

3 个关键词都很重要，但文字内容主要集中在“赛道赋能”这一部分，这是后两者的讨论基础。

2. 赛道赋能

（1）什么是“赛道赋能”？

小米创始人雷军曾经在访谈中这样说：“我们中国不乏很多既聪明、勤奋，又有能力的人，而这样的人有个通病，就是很自信，甚至自负，他觉得他自己可以改变整个世界，动不动就想改变世界。光有聪明和勤奋是远远不够的，聪明和勤奋只是成功的前置条件，有这些不保证成功，一个人还得顺势，把握战略点，把握时机要远远超过战术。一头猪在风口，只要风大，它就能飞起来。”

什么是风口？我不想说机遇、蓝海这样的名词，举个简单的例子：当年滴滴和快的大战，都在给用户、给司机发补贴，对于网约车司机来说，这就是风口期。

按我的理解，职场人的“风口”就是：市场对某个职位有需求，并且供不应求，对这个岗位上的从业者来说，就是风口期。

这种借助时代机遇、市场机会等赛道优势，使个人能力得到更大发挥或放大，进而获得更高回报的情况，我称之为“赛道赋能”。

联想近两年的旅游业、教培业，大家也可以思考一下，“赛道赋能”

的反面，又是什么情况。

以互联网行业为例：在过去十几年的时间里急速发展，资本方竞争激烈甚至惨烈，加之互联网公司的一大特点就是追求快速发展，不然可能会被对手超越，导致自己出局，所以各个互联网公司对行业人才的需求度就更高、更迫切。而在人才资源有限的情况下，各平台就不得不靠“提高薪资”来争取人才，甚至争取对手那边的人才，不断上演抢人大战，“跳槽就能涨薪”的现象普遍，这也使得 IT 业自 2010 年以来连续 10 多年成为平均收入最高的行业，时至今日仍然如此。（数据来源于国家统计局公布的《中国统计年鉴 2021》）

有人可能会觉得：大厂那么内卷，天天 996，人才迭代很快，普遍面临中年危机，还能说是风口吗？

是与不是，判定的标准很简单，直接看该行业的从业人员，其工资收入是否远超同等学力、能力的那些人。

如果是，就说明行业还处在风口期。而超出的那部分工资收入，就是风口红利。

所以，在我看来，互联网行业是典型的风口期行业。

那么，是不是处在风口期行业的从业者，都会受益？并不是。

比如在滴滴和快的大战期间，如果你是出租车司机，那不好意思，虽然同为司机，你非但享受不到风口红利，可能还会被惨烈碾压。因为在同一个赛道上，你是“被替代者”。

也可以说，网约车司机和出租车司机虽然同在一个行业、做着同类型的工作，却处在两个不同的细分赛道上，而这两个赛道互为竞争关系，风口是针对网约车赛道的，前者是来取代后者的。

当然，也有不少出租车司机选择了“打不过就加入”，转到网约车赛道的。

想想，在你所处的行业里，你处在哪个细分赛道上，所处赛道是那个替代者，还是被替代者？

风口期有时效性吗？肯定是有的。

比如上世纪 90 年代国企改革导致下岗潮的同时，也解放了生产力，进而推动了创业风口期的出现，很多人的人生轨迹，甚至家族轨迹就此发生了改变，秦妈火锅创始人秦远红、慧聪网创始人郭凡生、新东方创始人俞敏洪等商界大佬，都是在那个时代因为不同原因被迫下海，却又迎着时代的风口造就了不同的商业传奇。

比如淘宝、京东等电商平台给网店商家带来了风口，微博给名人名嘴带来了变现风口，微信给微商带来了推销风口，公众号给自媒体创作者带来了传播风口，宅文化给创业者和骑手带来了外卖风口，普遍性的育儿焦虑也给教育行业带来了教培风口，等等。

再比如近些年，随着智能手机的功能升级，4G、5G 技术的应用和流量成本的降低，以及抖音、快手等视频平台的崛起，直播行业迎来了风口期。

之所以说是“风口”，是因为从业者可以借力实现更大的个人价值和收入回报；之所以说是“风口期”，则是因为它会有时效性，也就是会有过时或者饱和的时候，并非在任何时候加入，都是好的时机。

还是以互联网行业为例：不管其盈利方式是怎样的，都要以用户量为基础，所以各个互联网平台都在想尽办法引流并留住用户。但随着中国人口数量达到顶峰，互联网的增量空间或已见顶，未来只剩下存量竞争。同时，还有越来越多精英人才不断涌入这个赛道，互联网的从业者，在未来还能否像之前那样“跳槽就能涨高薪”呢？正处在这个赛道或即将进入这个赛道的，是否需要重新审视自己未来的职业发展呢？

资本在 IT 方向上的竞争，以及在时间和效率上的竞争（加班），大幅拉高了互联网行业的平均薪资，同时，也给部分身处竞争中的企业造成了一定的压力。

最近，拉勾招聘网 CEO 许单单发了一段视频，感慨说：“这代年轻人被互联网行业惯坏了。”对于其关于“在互联网风口期，个人能力被放大了”的说法，我是认同的。当然，也不是每个身在其中的人都会被“惯坏”，毕竟这个领域汇聚了很多高学历人才，所接受的教育水平相对更高，眼界也更广，很多人都有较好的自知自省能力，何况中年危机的故事不断在眼前上演，所以很多人也在做着未雨绸缪的考虑和打算。

许单单最近在某段视频里感慨：我今天面试了一个人，大概工作了 3 年吧，月薪是 2 万元，之前是在一个大厂做产品经理，然后呢现在跳槽，其实也是被裁的啊，但我问他你希望月薪是多少，他说月薪就涨 30%，那你为什么要涨 30% 啊？他说因为都涨 30% 啊，每次跳槽不都涨 30% 吗？然后我就觉得，唉，这都是哪来的自信啊？

这代年轻人，真的都是被互联网行业给惯坏了。

其实我觉得，因为我们专门做互联网行业招聘的，就是拉勾招聘网是做互联网行业的嘛，我们看得见这个行业的工资，其实比其他行业都高很多。那本质上这个行业的工资为什么这么高？你想一个工作三四年的产品经理，为什么会值2万元？他有什么能力，对吧？

但本质上是因为过去这个行业资本比较发达，也就是说风险投资的钱比较多，投到这个领域里面来，大家就开始抢人，所以说互联网行业的人要明白，工资高不说明能力强，其实真的是行业恰好有个风口，有个泡沫。

马云也说过类似的话，我看网上有人说是互怼。但我觉得雷军、马云、许单单他们说的话，都是同一个意思，我总结为以下3点。

第一，很多行业存在风口期，我们应该或者可以尝试去捕捉这样的机会（顺势而为），如果捕捉到了，可能职业生涯会有飞越式的发展。

第二，能捕捉到机会，本身就需要能力，或许也需要一些运气。如果能赶上风口期是很幸运的，但需警惕，不要把市场给的机会，全部当作个人的能力，应该保持清醒。

第三，风口期可能会过去，应该做长远打算，利用风口期获得更好回报的同时，也追求个人竞争力的提升，避免被淘汰。

你所处行业的风口期会持续多久？你有为更久以后做打算吗？你觉得自己的收入与自身能力、自我认知这些相匹配吗？离开平台，你觉得自己的能力还价值几何？

马云曾说:“其实风来了，猪都会飞;但风过去以后，摔死的还是猪。”这些猪没有改变自己，不是创造自己该走的这条路，而你觉得别人成功，你想靠一个机会是不行的。还有一批人，是真正的猪，机会走过，他都没看见。

（2）“赛道赋能”之保险业。

如果说在当下及未来的中国，有什么需求非常强却又很难得到有效满足的，那么国人对保险的需求，必属其一。

第一，保险作为家庭稳定生活的刚需配置，随着国民风险意识的提升，其必要性越来越突出。

2022年1月25日，中国银保监会发布2021年12月保险业经营情况。数据显示，保险业2021年累计实现原保险保费收入4.49万亿元，按可比口径同比增长4.05%；原保险赔付支出1.56万亿元，按可比口径增长14.12%。

第二，中国的保险市场空间巨大，尤其是在人口老龄化的背景下。

按CEIC（China Entrepreneur Investment Club，中国企业家投融资俱乐部）的统计数据，截至2021年，中国的保险密度（当年保费收入/总人口）为3178.55元，保险深度（全国当年保费收入/当年国内生产总值，用于衡量保险业在国民经济中的发展状况及重要程度）为3.926%，而瑞士再保险研究院*Sigma*报告2020年披露的数据显示，世界保险密度平均水平为818美元（约5500元人民币），保险深度平均水平为7.23%，对比来看，中国保险行业还有很大的发展空间。

而在中国人口老龄化逐渐加剧的背景下，国家层面推出了延迟退休、个人养老金制度等措施，以应对未来的养老危机，个人层面也需要提前做好退休规划，这就要在很大程度上依赖商业保险，尤其是在健康险、养老险两个方向上。

第三，中国保险市场上的专业保险顾问，还非常缺乏。

根据中国银保监会办公厅发布的《关于2021年年底保险公司销售从业人员执业登记情况的通报》（以下简称《通报》）的数据，截至2021年12月31日，全国保险公司在保险中介监管信息系统执业登记的销售人员641.9万人。从销售人员学历情况看，初中及以下学历人员92.6万人、占比14.4%，高中学历人员302.8万人、占比47.1%，大专及以上学历人员246.5万人，仅占比38.5%。——我们这里只列一个学历数据，中国保险业存在的许多问题，很多人应该会有直观的感受，这里不再赘述。

尽管保险行业的监管越来越完善，但没有与之匹配的高素质业务员队伍，或许还是很难满足民众对保险顾问专业度的需求，所以我们也看到几家上市险企（中国平安、中国人寿、新华保险等）都在对自己的代理人队伍做清虚动作，同时适度提高保险代理人的招聘要求。根据《通报》的数据，截至2021年年底，保险公司在册代理人数量590.7万人，比2020年年底少了252.1万人；根据中国人寿、中国平安、太平洋保险、新华保险、中国人保披露的年报数据，5家公司2021年年底在册的总计代理人数量较2020年年底减少了570万人。

大概在2014年—2015年，在我带团队的初期，我跟团队的伙伴们分享过一个看法，为什么我很看好保险赛道的发展，深层原因是基于中国保险业的三大主要矛盾。

第一，投保人和保险公司之间的矛盾。

虽然投保人和保险公司之间是相互依赖的关系，但不可否认，双方存在着明显的利益矛盾：保险公司希望的是“多收保费少赔钱”，客户希望的是“少交保费多赔钱”，这个平衡点在哪儿？

而两者的利益矛盾，主要体现在因为“信息不对称，专业不对称”而带来的冲突。

比如在投保端，客户想货比三家，但想获取多家保险公司的产品信息，以及不同产品与自身需求匹配度的客观分析，并不容易，客户自己又缺乏相应的专业能力，即便投入大量时间精力，也会在很多细节、经验等方面存在缺失；在理赔端，保险公司掌握着完全的主动权，并且更为专业，一旦发生摩擦或争议，投保人更为弱势——除非耗费财力精力聘请律师，上诉至法院。

所以，保险公司在一定甚至很大程度上，是在依赖“信息壁垒”和“专业壁垒”获利，尤其是代理人数量庞大的头部险企——或许有人觉得这个观点偏颇，但我坚持。

第二，投保人和保险业务员之间的矛盾。

消费者对专业服务的需求在日益增长，但是保险业务员整体专业素质不高（门槛低、缺乏专业培训）。

随着 80 后、90 后逐渐成为购买保险的主力人群，随着互联网发展对信息透明化、消息传播效率和覆盖范围的推动，投保人群体从之前的品牌依赖、人情依赖，逐渐过渡到了专业依赖、合同依赖，其中包括需求分析、产品性价比、条款解析、服务品质等。

当然，投保人群体的这两种依赖，始终都是以“自身利益”为出发点的，但存在着本质的差别。

在金融业尤其保险业，“品牌依赖”可能存在着较大的盲目性，比如我知道哪个公司名字就选哪个，却不看自身需求，比如谁广告多我就跟谁走，却不看合同条款；“人情依赖”也存在着同样的盲目性，谁和我关系近我就跟谁买，却忽视了专业服务、长期服务。

但随着互联网的普及和发展，人们接受信息的方式不再局限于电视、报纸等机构媒体，对于品牌的认知也越来越成熟，大家开始“不看广告、看疗效”，关注点从品牌转向了自己；随着年轻一代在人情关系方面变得越来越理性，人情绑架那一套慢慢吃不开了，比如很多人已经不会再轻易因为亲戚朋友的“帮个忙”而办理投保，转而开始关注合同利益，关注条款保障，关注后期服务。保险业务员依赖公司品牌、人情去做销售，却忽略专业服务的时代，正逐渐远去。

保险行业的这种变化，也是投保人从盲从到理性的过渡，是时代进步、认知提升的标志；而投保人逐渐成熟的认知，也势必会推动中国保险业的健康发展。

但消费者对专业服务的需求在日益增长，保险从业人员队伍的构成，却并没有跟上时代的要求，与客户的需求相匹配。而这，就使得“消费者对专业服务的需求”和“大几百万业务员整体专业水平较弱”之间的矛盾越来越明显。

第三，保险公司和保险业务员（代理人）之间的矛盾。

有人或许会疑惑：保险公司和代理人之间，不是“相互依赖、你好我才好”的关系吗，怎么也会存在矛盾呢？

我保险从业近 13 年，但大学所学专业并不是保险精算、企业管理，下面的分析如有不当之处，欢迎指正。

保险公司是商业机构，要对股东负责，就要追求利润，而利润的简单构成是：单品利润率 × 销量 – 继续率亏损 – 运营成本。

单品利润率，主要是由保险产品决定，跟代理人无关。

销量，则主要取决于保险代理人的数量和单兵作战能力。当然，保险公司的品牌宣传等因素也会影响销量，我们这里只探讨和代理人有关的内容。

继续率亏损，是指不当销售或其他原因导致的客户退保，进而给保险公司造成的收入损失。

运营成本包含很多，而保险公司做代理人队伍经营的成本（招募、培训、提供办公场地、佣金支出等），是其中很大一部分。

以上内容，我们摘出与代理人紧密相关的 3 个关键词，然后再逐一分析：代理人数量、单兵作战能力、不当销售，这 3 个关键词可以概括为代理人的数量、质量、专业度。

关键词 1：代理人在数量上的优势，对保险公司是有利的，代理人的数量优势对险企品牌推广、保费规模提升，肯定都是好的。

关键词 2：代理人单兵作战能力差，对保险公司是不利的，因为这意味着险企在代理人队伍经营方面，投入产出比较低。

关键词 3：代理人专业能力弱或其他原因，导致的退保率居高不下，对保险公司是不利的。

总结下来就是，头部险企走“人海战术”是有道理的，因为对这些险企来说，代理人对公司的最大价值就是数量优势了。

也就是说，一方面，很多险企对销售队伍的人员质量和专业度，都是不够满意的，这也是影响险企利润提升的重要因素，也是 2021 年保险代理人流失率高达 30% 的重要原因之一。

另一方面，因为入行门槛低、专业培训缺乏等原因导致的销售争议和理赔争议，也屡见不鲜。而遇到理赔争议，代理人想站客户这边，但碍于和保险公司所签的代理协议约定，可能也无法全面客观地站在客户角度去做权益争取，毕竟自己的后期利益都还掌握在保险公司手里。

与此同时，保险代理人收入普遍偏低、社会地位差、缺乏保障（大部分没有无责底薪、没有社保）、签着代理协议却被强制出勤等状况，也是多年以来保险公司不断遭受业务员诟病的原因。

对大多数险企来说，现有的代理人队伍，应该并不是其追求的理想状态，像中国人寿、中国平安、太平洋保险、新华保险、人寿保险等上市险企都在进行代理人队伍改革，却也不得不继续依赖人海战术的模式，所以中国人寿副总裁詹忠喊出了“稳量提质”的口号，现实却是中国人寿 2021 年代理人流失率高达 43%。而为了扩增人力，时至今日，保险公司也仍然还有“以招聘内勤的由头”忽悠新人入行卖保险的现象。

但同样是随着互联网的发展，随着民众自我意识的觉醒，随着年轻一代从业者的加入，很多人面对不合理现象不再选择隐忍，而选择发声。

不过，代理人如果没有匹配的业务量，却指望保险公司提高待遇（比如缴纳社保），还是很不现实的事情。

双方的矛盾或许只有一个出路，那就是“建立或寻求更高素质的保险顾问队伍”，比如与保险经纪人合作，走产销分离的道路，事实上也有越来越多的保险公司选择了这种方式。

而这，也正是前两大行业矛盾的出路，也是中国保险业的出路。

3. 高才低配

985 名校背景，如果有两个岗位可选，一个是继续稳定高薪的银行金领职员，一个是行业口碑差、起步阶段难、天花板却更高的保险顾问，你会选哪一个？

尹娜曾经就有这样的疑惑。我最初建议她考虑转型时，她直接婉拒。后来，她萌生转型的念头之后，又纠结了两年，才最终选择了保险经纪，所幸这个选择带来的结果也是非常好的，甚至远超当初的期待。

我相信保险经纪是比银行、比大厂更好的赛道，不论是收入，还是社会价值方面，不管是自由度，还是能力实现方面，亦或者是长期发展上（做的时间越久越香）。

有人可能会说：不对啊，银行工作多稳定，大厂的薪资更是普遍很高，保险业的高薪群体才有多少？

2020 年和 2021 年，调查显示：保险营销员月收入的主体区间，集中在 3000 元～6000 元之间。而尹娜在银行的收入是年薪 50 万元，IT 业更是长居各行业人均收入榜首。

营销员月收入的主体区间，则集中于 3000 元～6000 元之间，约占 31%。月收入 2 万元以上的，占到 12.22%，比去年提升了 2.6 个百分点，而 5 万元以上的，也提升 了 0.3 个百分点，占 1.72%。（数据来源于《2020 中国保险中介市场生态白皮书》）

这一方面是因为销售本身就比较有难度，另一个重要原因是保险行业的入行门槛太低。所以，我们接下来聊聊“高才低配”这个话题。

现代人生活压力较大，尤其是在大城市，人才密集，内卷严重；从工作到买房，从赡养老人到子女教育，从基础生活保障到提升生活品质，每一项每一步都是大事，也都给中间这代人很大的压力。

赚钱，也就成了多数人生活中的头等大事，很多人求学就业，也都是奔着赚钱的目的。我自己是农村长大，也经历过许多物质匮乏的时光，深刻理解收入对自己和家人的价值和意义，所以我从不觉得“工作赚钱”这个话题庸俗，反而觉得这是对自己、家庭和社会的负责。

不过，当注意力集中在这方面时，我们有时候可能会忘记了自己为什么出发，又要去向何处。

现在很多毕业生的首选去处，往往是大厂、银行、投行、律所、国企、医院等相对稳定且收入相对较高的单位。

我在想，在追求收入提升的同时，我们是否还可以带一点理想主义，做一些关于工作意义、个人价值的思考？寻求收入稳定的同时，是否可以同时寻求能力的提升？在满足企业需要的同时，是否可以找到自身能力更大的发挥空间？

我的观点是，所谓某些单位工作更稳定，其实是对能力退化、竞争力降低人员的一种保护。真正稳定的赛道，应该是给你充分发挥空间的行业，是可以让你不断提升个人能力和竞争力的行业。

我曾经问过尹娜：如果你离开银行半年，还能找到一个类似薪资的工作吗？她在书中也有提到自己在这方面的思考。

这就是我的意见：你，一个名校硕士，状元之才，学识出众，能力出挑，为什么要寻求前一种稳定？真正的高材生，就更应该到“保险经纪”这种社会更需要、专业人才匮乏的赛道（或类似赛道）上，才不浪费。

很多人可能会想：但我还要养家啊，保险顾问的工作一般没有无责底薪，收入上能满足我对生活品质的期待吗？

前面采样的结果显示，保险营销员月收入的主体区间非常低，远不能和大厂、银行等行业相比，但如果都以全日制本科生为统计样本呢，如果都是 211 或 985 本科生、硕士生和博士生为统计样本呢？毕竟，样本背景一样或接近，才有对比的意义。

这份工作的时间自由度、能力实践空间，我就不多说了，只聊聊收入和发展。在我知道的例子当中，很多优秀背景入行并且付出同等努力的保险从业者，其收入丝毫不比大厂和银行差，其中不乏 90 后的优秀代表。而其未来的职业发展，不但不会遭遇中年危机，反而会随着经验的积累以及在这个行业的沉淀而“历久弥香”。

那进入这个行业的人，如何才能尽可能快地发展好呢？尹娜在书中已有许多介绍，我这里讲一个我认为很重要的点：认知失能。

4. 认知失能

你是不是也听过很多次这句话：懂得很多大道理，却依然过不好这一生。

为什么会这样呢？

因为你根本就不懂这些大道理，很可能你只是错把“知道”当成了“懂得”。

（1）知道 vs 懂得

“知道”是能看明白字面意思，看过之后就抛诸脑后了，何谈执行，更遑论秉持。

“懂得”是能深刻理解，有深度共鸣，并在执行中奉行这个理念，同时也会对执行与否所产生的结果有一定的预判。

比如“学习改变命运”这个道理，一个给企业家做司机的父亲，一个在教授家做保姆的母亲，应该是真的“懂得”，而一个正在读书的孩子，或许只是“知道”。

这么一说，我想很多人应该能明白“知道”和“懂得”之间的差别了。

有的家长，因为孩子不好好学习，带着孩子去捡垃圾、下田干活、工地搬砖，让孩子体验生活的苦，本质上其实就是想让孩子“懂得”那个道理，然后好好学习。

如果不明白这两者之间的差距，就很可能会出现这样的困惑：明明自己“懂得”啊，为什么工作和生活还是一团糟？

这种困惑，我称之为“认知失能”，一听就懂，一做就废，其本质是把“知道”当成“懂得”而产生的错觉。

很多时候，想做成一些事情，单在某个道理上认知到位，或许还不足够，成熟的认知应该是一个闭环，是成体系的。

就像我前面所举的例子，一定会有人在认可的同时发出疑惑，甚至直接这样反驳：我叔叔的战友的哥哥，学历不高，后来也做成了 ×× 事啊。

如果他的认知里包含“幸存者偏差”“学习并不只是读书”等认知，或许就不会提出这种反驳了。

当然，“学习改变命运”同很多其他道理一样，并不绝对，在不同的历史背景下，不同的资源背景下，不同的家庭背景下，它的适用度可能也不一样。所以，“认知”的成立和适用，还得匹配合适的对象和环境。

（2）什么是认知？如何更快获得更高阶的认知？

我们以销售冠军为例，你觉得是先有销售冠军的特质和能力，还是先有销售冠军的成绩？

排除掉运气因素，一般是先有相应的特质和能力，才有了与之匹配的成绩。而更真实的情况是：相应的特质和能力（比如对目标的期待、原始的努力），带来了相对好的成绩，而好的成绩帮助其打开了视野、提升了思维，进而又推动了其认知的进一步提升，如此循环往复。

对目标的期待、原始的努力，大多数人都是有的，只是程度不同，为什么后来大家的成长差异越来越大呢？

原因很多也很复杂，比如所接受的教育、所经历的人生、性格差异、资源差异等，但与其探讨这些，不如想想怎么寻找到自己也可以使用的认知提升方式。

而我想到的最简单的操作，就是跟随和模仿。当然，这有一个前期是，你所模仿的对象，其成长模式有较强的可复制性，或者是适用于你的可复制性。

有句话说：读万卷书不如行万里路，行万里路不如阅人无数，阅人无数不如名师指路，名师指路不如贵人相助。

读万卷书、行万里路和阅人无数，我们都知道是非常难的，而贵人相助所需要的运气成分，似乎有点太过奢侈，那就只剩一个名师指路：难度不会太高，需要的运气也不至于“奢侈”。

跟随模仿一个成功的老师，照猫画虎去复制他的模式，就可以在某些领域（比如工作）获得一定的成功，这简直是傻瓜式的操作，是我曾经非常渴求却没有得到的。当然，你自己也得有最起码的执行力才可以。

其实还有一句话是“名师指路不如自己领悟”，我也是认同的，但我理解这句话是从“内在成长”的角度来说的：光模仿还不够，毕竟“绝知此事要躬行”，还得在实践中不断思考和复盘，才能实现真正的成长。当然，这已经是更高一阶的追求了。

（3）模仿不只是模仿行为、模式，更包括思维。

比如你遇到了某些困难，销售冠军也遇到过，那销售冠军在面对这些困难时，会给自己找借口吗？他是怎么看待和考虑问题的，他为什么不找借口？推动他有这种思维的深层认知又是什么？

跟随和模仿的过程，以及由此产生的正向反馈（结果），会反向促进认知的迭代和成熟。

如果对此不能理解，可以去听听周杰伦的歌《听妈妈的话》，一个小孩子成长的过程，就是认知成熟的过程，而他之所以能有更成熟的认知，很大程度是基于自己的成长经历，以及成长中的思考。

不同的成长经历，带来的认知也会有差异，因为跟从、模仿的对象不同（比如父母、老师不同），或者环境不同。

所以，为什么人都要跟着成功的人学习呢？表面是在追求认知的提升，本质上或许是在弥补自己所缺少的经历和思考。

（4）懂得 vs 实践

有人会觉得我是真的懂了，也有共鸣，甚至在看到某些分享之前，我就已经有过类似的思考。但是呢，我现在面临的是一个全新的领域，在具体执行的方式方法上，还是会有一些迷茫，手足无措。

好，那假如你身边有一个“尹娜”可以模仿，让你可以照着她的学习方式来学习，照着她拓客的模式来拓客，照着她谈客户的思路来谈客户，照着她做复盘的方法来做复盘，那你对自己做好保险这份工作，会不会多一些信心？

她不可能去到每个人身边，但是她写了一本这样的书，把她的所经、所历、所行、所想、所得、所悟都写了出来，你可以直接模仿着去做了。虽不能面面俱到，但总可以让你在成长中省去很多力气，大幅度降低挑战的难度，让你在尽可能短的时间获得更高效率的成长回报。

“知道”和“懂得”之间的鸿沟，“理解”和“实践”之间的鸿沟，就这么轻易被填平了许多，认知差异带来的成长差距，就这么被缩小了。

尹娜写书的时候，把自己关在酒店一星期，专注写作，然后十几万字的书就出来了。能这么快写完，必然是得益于她的素材储备和经验储备都很充足，而且书里都是大白话，很朴素、很直接。所以，我觉得这本书很适合保险从业者阅读，相信认真阅读的朋友们会从中获益良多。

尾语

近些年，诸多行业都颇为不顺，2020 年以来，旅游业及周边产业因为疫情受到重创，2021 年教培行业改革，众多从业者陆续改行，2022 年年初，又频频传出大厂裁员的新闻。

3 年时间，有天灾祸劫，有政策革新，有行业变动，而不管何种原因，身处其间的很多普通人，都不得不被迫做出新的选择，谋求新的发展。

天灾难料，我们可能很难做出合理的应对，但政策革新和行业发展，我们或可揣摩一二。

就保险行业来说，中国人口红利向人口老龄化转变的进程，远低于国际均值的保险密度和保险深度，是谓天时；中国保险业的快速发展，法律和监管的成熟，保险公司数量的增加和保险产品的多样化发展，保险经纪赛道的成长成熟，是谓地利；有导师指引，有同频同行的伙伴，民众保险意识的提升以及对专业保险顾问的认同和期待，是谓人和。

君子取道，当秉责而行，顺势而为。

古语说：天予弗取，必受其咎；时至不行，反受其殃。如果你已经身处保险赛道，或者正在观望，希望这篇跋和这本书能带给你一些启发和参考，帮你捕捉到自己事业的“风口期”，乃至实现人生的蜕变，而不至于浪费了机会。

明亚保险经纪星火家族创始人